COURS

DE

DROIT NATUREL,

PROFESSÉ A LA FACULTÉ DES LETTRES DE PARIS.

(ANNÉE CLASSIQUE 1833-1834.)

PAR

M. TH. JOUFFROY.

T. 2ᵉ.

1 = 5 TROISIÈME LEÇON.

PARIS,

PRÉVOST-CROCIUS, ÉDITEUR,

RUE DE L'ÉCOLE-DE-MÉDECINE, Nº 3o.

ET JOUBERT, LIBRAIRE,

RUE DE GRÊS, Nº 14, PRÈS DE LA SORBONNE.

1834.

COURS

DE

DROIT NATUREL.

Treizième Leçon.

SYSTÈME ÉGOISTE. — BENTHAM.

MESSIEURS,

Dans le plan de ce cours je devrais peut-être, après vous avoir exposé la doctrine de l'égoïsme sous la forme que Hobbes lui a donnée, passer immédiatement à un autre système, sans m'occuper des formes différentes que la même doctrine a pu recevoir. J'ai cru pourtant, Messieurs, que le nom de Bentham m'imposait, à cet égard, une exception. La célébrité justement acquise dont a joui pendant sa vie et dont continuera de jouir long-tems ce remarquable publiciste, l'influence pratique que ses opinions et ses écrits ont exercée dans son pays et dans les autres parties de l'Europe et du monde civilisé, justifieront à

I.

vos yeux cette sorte d'excursion dont je suis persuadé
que vous ne vous plaindrez pas.

Ceux qui veulent se faire une idée juste du système et
des opinions de Bentham, doivent se procurer et lire
l'ouvrage dans lequel il a exposé lui-même la philosophie de ses idées; cet ouvrage, publié en 1789, mais qui
à cette époque était déjà depuis neuf ans imprimé, est
intitulé: *Introduction aux principes de la morale et de
la législation*. Si Bentham, qui n'est pas du tout métaphysicien de sa nature, a cependant cherché quelque
part à remonter aux principes philosophiques de ses
opinions, c'est dans ce livre, peu connu chez nous,
parce qu'il n'a pas été traduit dans notre langue. On
ne connait guère Bentham, en France, que par ses
opuscules détachés et par l'exposition très-exacte et
très-claire qu'a faite de ses opinions M. Dumont de
Genève, dans un ouvrage en trois volumes, intitulé:
Traité de la législation civile et pénale, publié, pour
la première fois, en 1802. Personne n'apprécie plus
que moi cet estimable travail et ne reconnaît mieux
le service qu'il a rendu aux opinions de Bentham en
substituant aux formes concises et souvent bizarres
de son style une exposition lucide et agréable;
et, toutefois, comme on ne doit jamais s'en rap-
porter qu'à l'auteur lui-même quand on veut connaître ses opinions, je répète que la vraie source où
l'on doit puiser est l'ouvrage original de Bentham que
je viens de vous indiquer.

Après ces détails purement bibliographiques, il
ne sera pas inutile de vous en donner quelques autres

sur le caractère général de l'esprit et des ouvrages de Bentham.

Si l'on voulait exprimer en deux mots le trait distinctif de la philosophie de Bentham, et, en même tems, le principe de toutes ses opinions, on le pourrait en disant que Bentham n'est pas un métaphysicien, mais un légiste; cette distinction me paraît contenir, en effet, et l'explication de la direction qu'ont prise ses idées, et le secret du caractère tout particulier de sa manière. Permettez-moi d'expliquer ma pensée en peu de mots.

On ne saurait dire que le législateur ne doive tenir aucun compte de la bonté ou de la méchanceté morale des actions; au contraire, il doit en tenir un grand compte, et il n'y a pas un législateur qui ait négligé cette considération. Cela est si vrai, que Bentham lui-même, comme je le montrerai peut-être, ne saurait expliquer les législations existantes, ni aucune législation, en partant de l'hypothèse contraire. Si le législateur, en effet, n'avait égard, en infligeant à une action certaine peine, qu'au seul tort que cette action peut causer à la société, les lois pénales ne seraient pas faites comme elles le sont; le principe de l'exacte proportion des peines au mal souffert par la société, donnerait une graduation des peines, qui n'est celle d'aucun Code, et le seul intérêt de la société exigerait encore bien moins toutes les précautions dont on environne leur application, et toutes les garanties dont on entoure le délinquant. Quiconque voudra ouvrir un Code pénal, y trouvera un asssez grand nombre de

dispositions qui impliquent la considération de la bonté
et de la méchanceté morale des actions et non pas
simplement celle de l'intérêt de la société, et c'est ce
que je démontrerai, j'espère, quand j'arriverai aux
détails du droit social. Et, toutefois, Messieurs, il
n'en est pas moins vrai que le véritable objet, l'objet
propre et direct de la loi, c'est d'empêcher les actions
qui peuvent nuire à la société. L'intérêt de la société,
voilà de quoi les législations s'inquiètent, l'assurer
voilà leur but, qui est tout autre, par conséquent,
que celui de la morale.

Cela posé, Messieurs, il est tout simple qu'un légiste soit porté à considérer exclusivement les actions humaines sous cet aspect, et qu'à force de les
apprécier de cette manière il n'en conçoive plus
d'autre, et transporte à la morale la mesure et le
principe de qualification de la législation. Tout légiste, s'il est de bonne foi, conviendra qu'il a plus ou
moins à se défendre de cette tendance. Eminemment
légiste, et pas du tout philosophe, Bentham, Messieurs, ne s'en est pas défendu, il y a succombé, et c'est
ainsi qu'il a été conduit à croire et à poser en principe
que la seule différence possible entre une action et
une action, réside dans la nature plus ou moins utile
ou plus ou moins nuisible de ses conséquences, et que
l'utilité est le seul principe au moyen duquel il soit
donné de les qualifier.

Une autre circonstance qui caractérise bien le légiste, Messieurs, c'est que Bentham pose cet axiôme
sans s'être livré préalablement à aucune recherche

psycologique sur les motifs des déterminations humaines, comme si la philosophie n'avait rien à voir
dans une pareille proposition, et ne pouvait fournir aucun fait pour la démentir ou la confirmer.
Il faut le dire, il y a, sous ce rapport, entre Hobbes
et Bentham, une différence immense, et qui est toute
à l'avantage du premier. Hobbes n'arrive à poser
l'égoïsme en principe, qu'après une analyse qu'il croit
exacte de la nature humaine; c'est à la suite de toute
une psycologie qu'il aboutit à cette conséquence, qu'il
n'y a de différence entre une action et une action
que le plaisir et la douleur qu'elles peuvent produire.
Grâce à cette méthode, c'est la véritable question scientifique et non une autre que Hobbes pose et résout,
celle de savoir comment en fait et dans le fond de la
nature humaine les actions sont déterminées et qualifiées, à combien de titres et auxquels, en d'autres
termes, nous pouvons être engagés à préférer l'une à
l'autre, et conduits à leur appliquer des qualifications
opposées; voilà le véritable problème scientifique,
celui qu'il faut avoir compris posé et résolu par l'observation, pour avoir le droit d'avoir une opinion et
d'énoncer une assertion sur le principe de la morale.
Ce problème, Hobbes l'a vu, l'a discuté, l'a résolu,
puis de la solution a tiré son système; Bentham ne l'a
pas même soupçonné : si peu qu'il débute par poser
comme axiôme une certaine solution de ce problème,
comme si le problème n'en était pas un, comme s'il
n'existait pas. Par-là encore, j'ai le droit de le dire,
Bentham n'est pas un philosophe, mais un légiste.

Un autre trait qui le prouve encore mieux, c'est
la conviction naïve où était Bentham de la nouveauté
et de l'originalité de sa doctrine. Certes, pour nourrir
une pareille idée, il fallait être bien étranger à tout
ce qui s'est fait en philosophie, depuis qu'il y en a
une. La doctrine de l'utilité nouvelle! elle que nous
trouvons en Grèce avant les sophistes qui étaient
avant Socrate, elle qui a été systématisée avec une
grandeur qui n'a jamais été égalée par le génie d'É-
picure, qui surpasse autant celui de Hobbes, que le
génie de Hobbes surpasse celui de Bentham. S'il y a
de l'originalité dans les idées de Bentham, assurément
ce n'est pas dans le principe de sa doctrine, mais bien
dans l'application de ce principe aux législations, et
je ne puis trop me hâter de dire que, sous ce rapport,
Bentham a montré une véritable supériorité, et rendu
des services qui ne périront pas. Quant à l'antique
système de l'égoïsme, s'il offre quelque chose de nouveau dans Bentham, c'est la hardiesse avec laquelle il
est posé. Bentham ne déguise pas plus le principe de
l'utilité, qu'il ne ménage les autres principes de conduite qu'environne le respect de la très-grande majo-
rité des hommes; il pose le premier dans toute sa
nudité, en déclarant qu'il est le seul qui détermine
réellement les actions humaines; il se répand contre
les autres dans des argumentations pleines d'ironie et
de mépris, sans transiger le moins du monde avec
aucun; et son principe une fois posé, il en accepte fran-
chement et rigoureusement toutes les conséquences,
sans aucune hésitation.

C'est cette décision, Messieurs, qui peut être originale dans Bentham, et c'est elle qui lui a valu des disciples fanatiques et des ennemis passionnés. On ne pouvait être à demi, ni l'adversaire, ni le partisan d'un philosophe de ce caractère. Aussi, la vie de Bentham a été une longue lutte, et son école a eu tout les caractères d'une secte; et cela a tenu, je le répète, au caractère de Bentham, et à ce qui s'en est suivi dans les formes de son système, c'est-à-dire à l'intrépidité avec laquelle il a posé un principe qui choque non-seulement le bon sens, mais encore les sentimens les plus élevés de la nature humaine, et avec laquelle il en a accepté inflexiblement et audacieusement toutes les conséquences. Sous ce rapport Bentham mérite au moins d'être mis au niveau de Hobbes, son compatriote. Hobbes et Bentham, en vrais Anglais, ont été aussi intrépides, aussi francs l'un que l'autre dans leurs opinions, quelque contraires qu'elles fussent au sens commun de l'humanité.

Voilà ce que j'avais à vous dire sur le caractère général des idées Bentham. Il me reste maintenant à vous exposer rapidement les principes de sa doctrine, et les principales conséquences qu'il en a déduites; c'est là ce que je vais faire en aussi peu de mots et aussi clairement que je pourrai.

Aux yeux de Bentham toute action et tout objet nous seraient parfaitement indifférens, s'ils n'avaient la propriété de nous donner du plaisir ou de la douleur. La propriété des actions et des objets à causer l'un ou l'autre, est donc la circonstance unique qui

les distingue à nos yeux, et par laquelle nous puissions
les qualifier. Nous ne pouvons donc chercher ou éviter un objet, vouloir une action ou nous y refuser,
qu'en vue de cette circonstance. La recherche du plaisir
et la fuite de la douleur, tel est donc le seul motif
possible des déterminations humaines, et par conséquent l'unique fin de l'homme et tout le but de la
vie. Vous voyez que ces principes sont parfaitement
identiques avec ceux du système de Hobbes, et n'en
sont que la répétition. Mais, comme je vous le disais
tout à l'heure, Hobbes les prouve, ou cherche à les
prouver ; Bentham établit qu'ils ne peuvent pas l'être,
et au lieu de perdre son tems à les établir, il passe
outre, les abandonnant à leur propre évidence qui est
parfaite à ses yeux.

Puisque Bentham ne prouve pas son principe, et
ne nous laisse ainsi aucun moyen d'en contester les bases, nous avons au moins le droit d'examiner s'il est vrai,
comme il l'avance, que ce principe, non-seulement
n'ait pas besoin d'être prouvé, mais ne puisse pas l'être.

En toutes choses, dit Bentham, on rencontre nécessairement au point de départ une vérité ou un
fait qui ne saurait être prouvé, et d'où tout le reste
découle. Nous donnons pleinement les mains à cette
assertion ; si tout devait être prouvé rien ne pourrait
l'être ; car une preuve est quelque chose d'établi et de
reconnu, et s'il fallait que chaque preuve fût prouvée, il n'y en aurait point. Reste à savoir si, quand
un philosophe affirme qu'un certain motif est le seul
qui préside aux déterminations humaines, il avance

un de ces principes ou de ces faits qui, par leur nature,
ne peuvent pas être démontrés, et n'en ont pas besoin.

Si un physicien posait cette question : quelle est
dans tel pays la direction unique, ou quelles sont les
directions diverses des vents qui agitent l'atmosphère?
aurait-il le droit de dire, en faveur de sa solution,
que, par sa nature, elle ne peut être prouvée, et
n'a pas besoin de l'être? Assurément non; car tout le
monde lui répondrait que la question posée est une
question de fait, qu'il s'agit pour la résoudre d'observer, pendant le cours de dix ou de vingt ans, dans
quelle direction soufflent les vents, afin de savoir si
cette direction est unique, ou si elle varie, et, dans
ce dernier cas, à combien de directions distinctes ces
variations se réduisent et peuvent se ramener. Loin
donc qu'un physicien pût être reçu à donner à cette
question une solution sans la prouver, il serait au
contraire tenu de l'établir; et sur quoi? sur des observations nombreuses et suivies, puisque la question est
une question de faits; et s'il négligeait de fournir ces
observations à l'appui de sa solution, elle n'aurait aucune valeur aux yeux de personne. Or, il en est absolument de même de la question posée par Bentham,
et de la solution qu'il en donne. Quel est le motif unique, ou quels sont les motifs divers des déterminations de la volonté humaine? voilà la question. Mais
la volonté de l'homme est là, mais elle se détermine
continuellement, mais on peut observer par quels
motifs elle se détermine, si c'est par un seul ou par
plusieurs, et, dans ce dernier cas, par combien et

par lesquels. Par conséquent, il est insensé de dire
que, quand on donne une certaine solution à une telle
question ; cette solution ne peut être démontrée, et
n'en a pas besoin. Elle peut être démontrée par l'expérience d'où elle a dû sortir : elle a besoin de l'être ; car
loin que les résultats de cette expérience soient une
chose reconnue, c'est au contraire une chose très-con-
testée. Vous prétendez que la recherche du plaisir et
la fuite de la douleur est le seul motif de nos déterminations ; d'autres prétendent le contraire. Cela ne serait pas si votre solution était ou un fait incontestable ou une vérité première, et que, comme telle,
elle ne pût, elle ne dût pas être prouvée ; cela démontre, au contraire, qu'elle peut et qu'elle doit l'être ;
et, en effet, tout le monde voit que c'est dans la nature humaine que peut et que doit en être cherchée
la démonstration ou la condamnation ; là, en effet,
s'accomplit le fait des déterminations de la volonté ;
c'est donc là qu'on peut voir si toutes dérivent de votre
motif, ou s'il en est qui proviennent de motifs différens ; dans le premier cas vous avez raison, dans le
second vous avez tort ; et c'est à l'observation à vous
juger, à l'observation qui est la preuve naturelle de
votre solution, comme de toutes celles qui peuvent
être données à la question morale. Quand on n'aurait
d'autre moyen d'apprécier la portée philosophique de
l'esprit de Bentham que cette circonstance, qu'il regarde comme ne pouvant et ne devant pas être prouvée l'assertion que le motif universel des déterminations humaines est la recherche du plaisir et la fuite

de la peine, il suffirait et au delà pour démontrer combien elle était faible.

On voit, par ce qui précède, que le principe de l'utilité reposait dans l'esprit de Bentham, sur une théorie des déterminations de la volonté humaine; il daigne même énoncer cette théorie; mais loin d'essayer de la démontrer, il nie au contraire qu'elle puisse l'être, prétention que personne ne peut admettre pour peu qu'il comprenne la question.

Tels sont les principes généraux de Bentham; il faut se hâter d'arriver aux conséquences qu'il en a tirées.

Les premières sont des définitions. Partant de cette prétendue vérité que la recherche du plaisir et la fuite de la douleur sont le seul motif des déterminations humaines, il en conclut et le véritable sens à donner à tous les mots de la langue morale employés dans le monde et dans les systèmes philosophiques, et la définition précise de quelques uns qu'il adopte et consacre plus particulièrement à l'exposition de ses idées. Nous citerons quelques exemples.

Bentham définit l'utilité, la propriété d'une action ou d'un objet à augmenter la somme de bonheur, ou à diminuer la somme de malheur de l'individu ou de la personne collective sur laquelle l'action ou l'objet peut influer.

Or, si c'est en cela que consiste l'utilité, et si c'est là comme l'implique le principe fondamental de Bentham et comme il le proclame hautement, le seul caractère que puisse porter une action et qui puisse la distinguer d'une autre, il s'en suit rigoureusement qu'on ne saurait prêter un autre sens, ni donner une autre définition aux termes, *légitimité* d'une action, *justice* d'une action, *bonté* d'une action, *moralité* d'une action, etc., etc. De deux choses l'une, en effet, dit Bentham, ou l'on donnera cette acception aux mots que je viens de prononcer, ou bien ils n'en auront aucune, de manière qu'à moins de les interpréter ainsi ces mots n'ont point de sens, ce qui est parfaitement conséquent aux principes de sa doctrine.

Bentham ne définit pas avec moins de soin ce qu'on doit entendre en morale par *principe de l'utilité*. Le principe de l'utilité, dit-il, est celui qui déduit exclusivement la qualification des actions et des objets de la double propriété qu'ils ont ou peuvent avoir d'augmenter la somme de bonheur ou de malheur de l'être individuel ou collectif par rapport auquel on les considère. Telle est la définition rigoureuse du principe de l'utilité. Celles d'une action utile, d'une mesure utile, d'une loi utile, et par conséquent d'une action, d'une mesure, d'une loi bonne, juste, légitime qui doit être faite, adoptée, suivie, ou qui du moins ne doit pas ne pas l'être, s'en déduisent naturellement.

Cela posé, Bentham qui ne veut pas avoir de disciples aveugles et qui s'abusent ou soient abusés, prend la peine de définir à quelles conditions différentes on est partisan ou adversaire du principe de l'utilité, ou, ce qui revient au même, à quelles conditions on marche ou on ne marche pas sous son drapeau. Un homme qui est guidé dans l'approbation ou la désapprobation des actions ou des objets par la

seule considération de l'utilité ou de la nuisibilité de
ces actions ou de ces objets, et qui règle uniquement
le degré de son approbation ou de sa désapprobation
au degré de cette utilité ou à celui de la propriété
contraire, sans tenir compte dans ses jugemens d'aucune autre considération quelconque; celui-là mérite
le titre de disciple de Bentham et de partisan du
principe de l'utilité. Mais si un homme fait entrer,
pour une part quelconque, si faible qu'elle puisse être,
dans l'approbation d'une action ou d'un objet toute
autre espèce de motif, celui-là, non-seulement n'est
pas avec lui, mais est contre lui, et tout autant
contre lui que celui qui repousse entièrement son principe et ne l'admet en aucune manière.

D'après ces principes, l'intérêt de l'individu,
c'est évidemment la plus grande somme de bonheur à laquelle il puisse parvenir, et l'intérêt de
la société, la somme des intérêts de tous les individus
qui la composent. Toutes ces définitions dérivent naturellement du principe, et à peine méritaient-elles
d'en être tirées. Mais Bentham, qui est un esprit pré-
cis et qui tient à établir d'une manière nette ses
idées, donne toute la série de ces définitions qui ren-
trent les unes dans les autres : il est inutile de le suivre dans ces détails.

Sa doctrine ainsi établie, Bentham cherche quels
peuvent être les principes de qualification opposés
à celui de l'utilité, ou simplement distincts de ce
principe, et il n'en reconnaît que deux, l'un qu'il
appelle le principe ascétique ou l'ascétisme, l'autre

qu'il nomme le principe de sympathie et d'antipathie.
Il importe de faire connaître, en peu de mots, de
quelle manière Bentham comprend ces deux principes; car, à l'en croire, toute espèce de morale de
législation et de conduite qui n'a pas le principe de
l'utilité pour point de départ, dérive nécessairement,
et a toujours dérivé de l'un ou l'autre de ces deux
autres principes.

Bentham définit le principe ascétique, un principe
qui, comme celui de l'utilité, qualifie bien les actions
et les choses, et les approuve ou les désapprouve bien
d'après le plaisir ou la peine qu'elles ont la propriété
de produire, mais qui, au lieu d'appeler bonnes celles
qui produisent du plaisir, mauvaises celles qui produisent de la peine, qualifie bonnes celles qui entraînent de la peine, et mauvaises celles qui entraînent
du plaisir. Assurément cette définition est piquante;
par malheur elle n'est pas complètement vraie, et
ici Bentham a pris une circonstance accessoire de l'opinion ascétique pour l'essence même de cette opinion.
Evidemment sous la dénomination de principe ascétique, Bentham a voulu désigner cette solution du
problème de la destinée que j'ai appelée mysticisme et
que je vous ai exposée, solution qui a conduit la plupart de ceux qui l'ont admise à un système de conduite qui semble impliquer, jusqu'à un certain point,
le principe formulé par Bentham. Qu'un tel système
de conduite, de quelque principe qu'il dérive, soit
erronné, je suis tout-à-fait, sur ce point, de l'avis de
Bentham; mais que chez personne il ait jamais pris

sa source dans l'opinion que le plaisir est un mal et
la douleur un bien, c'est ce que je nie. Il s'est ren-
contré des individus et des sectes qui ont pensé que
le plaisir et la douleur étaient des choses indifférentes ;
mais il ne s'en est jamais trouvé qui aient posé en
principe que, par cela qu'une action était suivie de
plaisir, elle était mauvaise, et que, par cela qu'elle
était suivie de peine, elle était bonne ; une telle absur-
dité n'a jamais été soutenue, et les mystiques en sont
tout-à-fait innocens ; car, ce n'est pas à cause du plaisir ou de la douleur qui suivent certaines actions, que
les mystiques sont arrivés à une pratique analogue à
celle qui dériverait du prétendu principe ascétique
de Bentham, c'est par des raisons toutes différentes
que je vous ai longuement exposées et que je ne ré-
péterai pas.

Quoi qu'il en soit, Bentham définit ainsi le principe ascétique, et comme il est absolu en tout, il
déclare que quiconque repousse un atôme de plaisir
comme tel, et le condamne, est en cela partisan du
système ascétique. Une telle déclaration marque plus
fortement encore, s'il est possible, ce que son principe a d'absolu dans sa pensée. En effet, il suit de là,
et il le dit lui-même, car il ne recule devant aucune
conséquence, que tout plaisir, sans exception, est
bon en soi, et pour montrer jusqu'où va sa pensée,
il prend pour exemple le plaisir le plus abominable,
que le scélérat le plus consommé puisse tirer de son
crime, et il déclare que, si quelqu'un blâme ce plaisir, le trouve mauvais, le repousse, il est en cela et

par cela ascétique. En effet, dit-il, ce n'est pas comme plaisir que ce plaisir infâme est mauvais ; ce plaisir infâme reste bon en soi, car le plaisir est essentielle-ment bon ; à quel titre est-il mauvais ? à ce seul titre que les conséquences qu'il peut entraîner présentent des chances de douleurs telles, qu'en comparaison de ces douleurs le plaisir lui-même n'est rien. Ce n'est donc en aucune manière, parce qu'il est infâme, que Bentham blâme le plaisir qu'un scélérat recueille de son crime, mais à cause des conséquences qui peuvent en résulter pour celui qui le goûte ; c'est là, selon Bentham, ce qu'entend et ce que veut dire l'huma-nité quand elle déclare ce plaisir infâme; quiconque le condamne à un autre titre est ascétique.

Passons au principe de sympathie et d'antipathie. Bentham range sous cette dénomination tout prin-cipe en vertu duquel nous déclarons une action bonne ou mauvaise, par une raison distincte et indépendante des conséquences de cette action. Ainsi, tout mora-liste qui ne puise pas exclusivement dans les consé-quences agréables ou désagréables des actions le prin-cipe de leur qualification, quelle que puisse être d'ail-leurs la règle au moyen de laquelle il les qualifie, tout moraliste semblable professe sous une forme ou sous une autre le principe de sympathie et d'anti-pathie. On voit tout d'un coup combien de systèmes différens viennent se ranger sous cette seconde caté-gorie. Ainsi, il y a des moralistes qui ont prétendu que nous avons un sens moral qui perçoit la bonté et la méchanceté des actions, exactement comme le goût sent la qualité des saveurs, exactement comme l'odorat distingue les bonnes et les mauvaises odeurs. Hutcheson a professé cette doctrine, ainsi que beaucoup d'autres philosophes. Pour quiconque admet cette hypothèse, les actions sont qualifiées sans aucune considération de leurs conséquences; en d'autres termes, l'approbation ou la désapprobation ne remonte pas des conséquences à l'action, mais lui arrive d'autre part; donc un tel principe rentre dans le principe général de la sympathie et de l'antipathie, et n'en est qu'un cas ou qu'une forme. Il en est de même de celui qu'ont admis beaucoup de philosophes, qu'il existe une dictinction naturelle et absolue entre le bien et le mal, distinction perceptible à la raison, et telle que, quand une action se présente, la raison saisit en elle son caractère, moral et la qualifie par ce caractère intrinsèque, sans aucune considération des conséquences utiles ou nuisibles qu'elle peut produire. Un tel principe, qui est celui de beaucoup de systèmes, rentre encore dans celui de la sympathie et de l'antipathie. Ceux qui pensent qu'il existe en nous une règle innée et primitive qu'ils appellent loi naturelle, loi morale, loi du devoir, laquelle, quand une action se présente, s'y applique, et par laquelle cette action est qualifiée bonne ou mauvaise, suivant qu'elle se trouve convenir ou disconvenir avec cette loi, ceux-là professent également le principe de la sympathie et de l'antipathie. Ceux qui pensent, comme moi, que ce qui est bon, c'est ce qui est conforme à l'ordre, que ce qui est mauvais, c'est ce qui lui est contraire, ceux-là n'ayant

2.

aucun égard aux conséquences que peut avoir une action, professent aussi, sous une certaine forme, le principe de la sympathie et de l'antipathie.

Ainsi Bentham ne reconnaît que deux principes de qualifications, ou, ce qui revient au même, que deux systèmes moraux distincts du sien : 1º celui qui, comme le sien, qualifie les actions par leurs conséquences, mais qui déclare bonnes celles qui produisent de la peine, et mauvaises celles qui produisent du plaisir : c'est le système ascétique; 2º celui qui, d'une manière et pour une part quelconque, puise la qualification des actions ailleurs que dans leurs conséquences agréables ou désagréables; et c'est le système de la sympathie et de l'antipathie.

Il signale pourtant en passant un quatrième système, qu'il appelle système religieux, et qui place dans la volonté de Dieu la règle de ce qui est bon et mauvais, et, par conséquent, de ce qu'il faut faire ou ne pas faire. Bentham a mille fois raison de dire qu'un tel principe n'en est pas un, car il faut toujours déterminer la règle que prescrit la volonté de Dieu, règle qui ne peut être que l'une de celles que Bentham a énoncées, en sorte que ce système retombe nécessairement dans un des trois autres.

Tels sont les systèmes rivaux du sien que Bentham reconnaît et qu'il déclare complètement faux. Mais au lieu qu'il n'a pas cherché à démontrer le sien, il essaie de réfuter ceux-ci, et c'est dans cette réfutation qu'on trouve le peu de métaphysique que présentent les ouvrages de Bentham. C'est donc dans cette réfutation qu'il faut chercher la philosophie de ses opinions, quand on veut la pénétrer ; c'est là aussi que je la chercherai et l'attaquerai, quand j'en viendrai à la réfutation des idées de Bentham.

Les principes de la théorie de Bentham et les définitions qui en émanent étant ainsi posées, il me reste à vous faire connaître les conséquences pratiques qu'il en tire. C'est ici que notre publiciste devient original, et c'est aussi la partie de son système qui vous intéressera et la seule qui m'ait engagé à vous l'exposer ; autrement sa doctrine étant identique à celles de Hobbes, je ne vous en aurais pas entretenu. Ce sont les vues que je vais vous exposer qui ont donné à Bentham une si grande réputation parmi les hommes qui s'occupent de législation ; c'est par ces vues qu'il a été véritablement utile, et qu'il continuera à exercer une influence en très-grande partie heureuse sur la réforme et l'amélioration des lois européennes.

Vous remarquerez qu'il ne suffit pas, pour tirer de la théorie de l'utilité des jugemens pratiques, de savoir qu'une action est bonne quand elle engendre plus de plaisir que de douleur, mauvaise quand elle engendre plus de douleur que de plaisir, meilleure ou pire qu'une autre, quand elle engendre plus de plaisir ou plus de douleur que cette autre. De tels principes restent stériles dans l'application, tant qu'on n'a pas trouvé un moyen d'évaluer la quantité de bien et la quantité de mal qui émanent d'une action et de

déterminer le rapport de ces deux quantités ; sans
ce moyen tous les résultats précédens demeurent
des vérités inutiles ; il est impossible de s'en servir.
L'effort de Bentham et sa gloire, c'est d'avoir, par une
analyse qui n'est pas sans défauts, mais qui, dans son
imperfection même, est remarquable par son étendue
et sa profondeur, essayé de donner une mesure pour
évaluer ce qu'il appelle la bonté et la méchanceté des
actions, c'est-à-dire, la quantité de plaisir et de peine
qui en résulte.

Je vais essayer, Messieurs, de vous indiquer
rapidement les élémens de l'arithmétique morale
de Bentham, en invitant ceux d'entre vous qui
désireraient en acquérir une connaissance plus approfondie, de recourir au livre de M. Dumont, ou
mieux encore à l'ouvrage original que je vous ai si-
gnalé.

La première donnée de l'arithmétique morale de
Bentham devait être une énumération et une classification complète des différentes espèces de plaisirs et
de peines. Car, comme ce sont ces plaisirs et ces peines qui donnent une valeur positive ou négative aux
actions et aux choses, il est impossible de songer
même à évaluer ces dernières si on ne connaît pas
bien toutes les espèces de plaisir et de peine qu'elles
peuvent produire, et dont la nature humaine est capable. Il serait trop long et fort inutile de vous donner les détails de cette classification, tout aussi arbi-
traire que la plupart de celles qui ont été tentées,
jusqu'à présent ; ce serait dépasser mon but qui n'est

point de vous enseigner le système de Bentham, mais simplement de vous en donner une idée.

Les plaisirs et les peines connus, le second élément de l'arithmétique morale de Bentham devait être une méthode pour déterminer la valeur comparative des différentes peines et des différens plaisirs. Ici quelques détails deviennent nécessaires.

Soient donnés deux plaisirs qui résultent de deux actions, pour savoir si l'une de ces actions est plus utile que l'autre, il faut savoir lequel de ces deux plaisirs a plus de valeur, et pour le savoir, il faut une méthode de comparaison. Or, cette méthode serait trouvée, si on connaissait bien toutes les circonstances qui peuvent entrer dans la valeur d'un plaisir. Ce sont donc ces différentes circonstances que Bentham s'est appliqué à déterminer, et cette recherche l'a conduit à ce résultat, que, pour déterminer la véritable valeur d'un plaisir, il fallait le considérer sous six rapports principaux : 1° sous le rapport de l'intensité, car il y a des plaisirs qui sont plus vifs, et d'autres qui le sont moins; 2° sous le rapport de la durée, car il y a des plaisirs qui se prolongent, et d'autres qui n'ont qu'une courte durée; 3° sous le rapport de la certitude, car les plaisirs que considère l'arithmétique morale sont toujours au futur; ils viendront à la suite de l'action sur laquelle on délibère; or la certitude plus ou moins grande qu'ils la suivront, est un élément qu'il faut faire entrer en ligne de compte dans l'évaluation des plaisirs; 4° sous le rapport de la proximité : tel plaisir peut se faire attendre long-tems après l'action, et tel autre plaisir en ré-

sulter immédiatement; 5° sous le rapport de la fécondité : il y a des plaisirs qui en amènent d'autres à leur
suite; il y en a qui n'ont point cette propriété; 6° enfin,
sous le rapport de la pureté : il y a des plaisirs qui ne
peuvent engendrer aucune peine, et d'autres dont les
conséquences sont plus ou moins pénibles.

Tels sont les aspects divers sous lesquels il faut considérer un plaisir pour en mesurer la valeur, et la
même méthode s'applique aux peines. Ce n'est qu'a-
près avoir envisagé les plaisirs et les peines qui résul-
teront de deux actions sous tous ces rapports, qu'on
peut décider avec assurance laquelle est réellement la
plus utile ou la plus nuisible, la meilleure ou la pire,
et mesurer la différence qui existe entre elles. Voilà
pour la valeur intrinsèque des plaisirs et des peines
comparés entre eux.

Mais cela ne suffit pas, et un autre élément doit entrer
dans l'évaluation des plaisirs et des peines. Le même
plaisir, en effet, n'est pas en vous ce qu'il est en moi,
car il y a entre vous et moi des différences qui en affectent la valeur; vous pouvez n'avoir ni la même
constitution, ni le même âge, ni le même caractère ;
nous pouvons différer par le sexe, par l'éducation,
par les habitudes, et par mille autres circonstances.
Or, il est évident que ces diversités dans les individus
influent sur les sensations qu'ils éprouvent, et qu'ainsi
le même plaisir ne se produira pas identique chez les
différens individus, mais variera de l'un à l'autre en
vertu de ces diversités. De là, dans l'arithmétique morale de Bentham, un second élément qu'il n'a pas.

cherché avec moins de soin à mettre en lumière que le premier, s'efforçant par une analyse exacte de déterminer toutes les circonstances qui peuvent influer sur la sensibilité d'un individu, et par là rendre plus ou moins vifs les différens plaisirs et les différentes peines dont elle est susceptible.

Il distingue ces circonstances en deux ordres, celles du premier et celles du second. Je vous citerai au nombre des premières, les tempéramens, les différens états de santé ou de maladie, les degrés de force ou de faiblesse du corps, de fermeté ou de mollesse du caractère, les habitudes, les inclinations, le développement plus ou moins grand de l'intelligence, circonstances qui influent considérablement, non seulement sur l'intensité, mais encore sur la durée et les autres élémens de la valeur intrinsèque des peines et des plaisirs. Bentham dresse un catalogue exact de toutes ces circonstances, et entre sur chacune dans des développemens pleins de sagacité.

Mais si, dans le calcul moral de la valeur des peines et des plaisirs, il fallait prendre en considération tous ces détails, on serait obligé de considérer à part chaque individu, car elles varient de l'un à l'autre; et encore serait-on fort embarrassé, car, comment connaître toutes les circonstances d'un individu qui souvent ne les sait pas lui-même. Bentham a donc cherché s'il n'existait pas des circonstances générales qui impliquassent chacune un plus ou moins grand nombre de celles-là, qui en fussent en quelque sorte les signes naturels, et qui pussent servir de base au législateur,

lequel ne peut connaître les individus, mais connaît
le monde et les grandes classifications dans lesquelles
se répartissent les individus qui le composent ; il a
trouvé qu'il en existait, et ce sont ces circonstances
qu'il appelle circonstances du second ordre. Ces
circonstances, plus générales et plus visibles que
celles du premier, impliquent chacune quelques unes
de celles-ci, en sorte que là où elles existent, on peut
être sûr qu'en général là existent aussi ces dernières.
Le sexe, l'âge, l'éducation, la profession, le climat,
la race, la nature du gouvernement, l'opinion religieuse sont au nombre de ces circonstances générales.
Si je n'étais pressé par le tems, il me serait aisé de
vous démontrer que chacune de ces circonstances du
second ordre n'influe sur la sensibilité que parce
qu'elle implique un certain nombre de circonstances
élémentaires qui sont au nombre de celles que Bentham a classées dans le premier ordre. Ainsi le sexe
féminin implique un certain degré de faiblesse corpo-
relle, un certain caractère, certaines inclinations, une
certaine somme d'intelligence, et c'est parce qu'il implique tout cela, que la même douleur ou le même plaisir ont, dans une femme, une autre intensité, une
autre durée, d'autres conséquences, en un mot une
autre valeur que dans un homme. Or, Messieurs, il
n'en est pas de l'âge, du sexe, des opinions religieuses,
et en général de toutes les circonstances du second
ordre, comme il en est des circonstances du premier ;
celles-là sont visibles pour le législateur, il peut les
saisir, les apprécier, et par conséquent les faire en-

trer dans ses calculs. Il peut , par exemple , ne pas
infliger des peines aussi fortes aux femmes qu'aux
hommes , parce qu'une peine égale punirait la femme
plus que l'homme. Je ne puis que vous indiquer rapidement ce point de la méthode d'évaluation de Bentham ; vous m'entendez à demi-mot.

Voilà déjà trois élémens du calcul ou de l'évaluation morale des peines et des plaisirs : mais ce n'est
pas tout. Jusqu'ici nous n'avons considéré les peines
et les plaisirs que dans l'individu ; or , il y a des actions qui engendrent des peines et des plaisirs qui ne
s'arrêtent pas à un seul individu , mais qui s'étendent
à un grand nombre; de là un autre élément important
du calcul moral , et que Bentham a analysé avec le
plus grand soin. Les résultats de cette analyse sont
peut-être ce que son système offre de plus original et
de plus utile. C'est l'histoire exacte et curieuse de la
manière dont les effets d'une action utile ou nuisible
s'étendent autour de celui qui l'a faite et de celui
qui en a été l'objet ; atteignent de proche en proche
différentes classes d'individus , et parviennent, quelques-unes du moins , jusqu'aux dernières extrémités
de la société. Le calcul de tout le mal ou de tout le bien
que fait une action à la société, par delà l'individu
qui la subit directement, et les lois selon lesquelles
ce bien et ce mal voyagent et s'éparpillent, voilà, en
d'autres termes, ce que nous offre l'ingénieuse analyse
de Bentham. Sa fureur de classification, qui est un inconvénient de sa méthode; car les classifications abou-
tissent souvent à embrouiller au lieu d'éclaircir, n'en-

traîne ici que de bons effets, car il classe juste et bien.
Quoique les résultats de son analyse conviennent au
bien comme au mal, c'est le mal qui en est l'objet ex-
clusif, car c'est au mal surtout que les législations ont
à faire, impuissantes qu'elles sont à encourager le
bien. On retrouve donc encore ici le point de vue du
légiste qui domine toujours Bentham, mais qui, dans
cette circonstance, le domine sans inconvénient pour
la vérité.

Étant donnée une action mauvaise, c'est-à-dire une
action dont les conséquences sont, somme toute, plus
nuisibles qu'utiles, Bentham, par delà le mal qu'elle
fait à celui qui en est l'objet propre, analyse ceux qui
en découlent pour la société, et les distingue en
maux du premier, maux du second, et maux du troisième degré. Ce qui caractérise les premiers c'est d'atteindre des individus déterminables, et qu'il est possible de connaître et de nommer à l'avance. Soit un
vol, par exemple; le mal causé par cette action ne
s'arrête pas à la personne volée; il s'étend à sa femme,
à ses enfans, à sa famille. Il y a donc ici, indépendamment du mal primitif, un mal accessoire qui atteint
un certain nombre de personnes que la loi peut connaître d'avance. C'est ce mal que Bentham appelle mal
du premier degré.

Mais les mauvais effets du vol vont plus loin que la
famille de l'homme volé, ils se répandent encore sur
un nombre indéfini d'individus indéterminés. Quand,
en effet, un homme est volé, une portion plus ou
moins grande de la société a connaissance de ce vol,

et par là même s'en alarme; il y a donc le mal de l'alarme, pour tous ceux qui apprennent que le vol a été commis; car autant peut en arriver à chacun. Mais ce n'est pas tout; indépendamment du mal de l'alarme, l'action engendre un danger réel pour la société; d'une part, en apprenant que ce vol a été commis, des gens qui n'avaient jamais songé à ce moyen de subsister, s'en avisent, et, d'autre part, la connaissance qu'il a réussi fait que d'autres qui se livraient déjà à cette industrie l'exercent avec un redoublement de hardiesse et d'activité. Voilà donc des maux qui dérivent encore de l'action, comme ceux du premier degré, mais qui tombent sur des personnes que le législateur ne peut déterminer : ce sont les maux du second degré.

Il y a une troisième espèce de mal que ne produit pas toujours, mais que tend toujours à produire une action mauvaise; la voici. Si, dans une société, le vol devenait tellement commun que l'alarme fût extrême, et le danger si grand que la loi fût impuissante à le réprimer; si les choses, en d'autres termes, en venaient dans cette société au point où elles en étaient dans presque tous les pays de l'Europe à certaines époques du moyen-âge, alors qu'il y avait des brigands partout et qu'ils étaient les plus forts, qu'en résulterait-il? Ceci : c'est que personne ne voudrait plus travailler, c'est que chaque citoyen se laissant aller au découragement, renoncerait à une industrie dont les fruits auraient cessé de lui être assurés; c'est que la paresse viendrait, et avec la paresse tous les vices; c'est qu'enfin il y aurait désorganisation complète de la société.

Eh! bien, toute action mauvaise, indépendamment du mal qu'elle produit pour celui qui en est l'objet, de celui qu'elle fait à certaines personnes déterminées, de celui qu'elle engendre en alarmant la société et en augmentant la somme des dangers qu'elle court, toute action mauvaise, dis-je, a une tendance à produire cet état de désorde qui est la désorganisation complète de la société. Cette tendance est le mal du troisième degré, dernière espèce de ceux qui peuvent résulter d'une action mauvaise. Telle est l'esquisse grossière et rapide de cette partie intéressante des idées de Bentham.

Vous connaissez maintenant, Messieurs, tous les élémens de son arithmétique morale, ou de sa méthode pour évaluer l'utilité et la nuisibilité des actions; vous voyez que ces élémens sont de quatre espèces, ou, en d'autres termes, que l'évaluation des actions présuppose la connaissance exacte : 1° de tous les plaisirs et de toutes les peines dont la nature humaine est susceptible ; 2° de toutes les circonstances intrinsèques qui peuvent augmenter ou diminuer la valeur d'un plaisir ou d'une peine; 3° de toutes les circonstances qui peuvent faire varier les sensibilités, et modifier ainsi indirectement la valeur des plaisirs et des peines qui les affectent ; 4° enfin, de toutes les conséquences d'une action utile ou nuisible, qui dépassent l'individu ou la collection d'individus qui en est l'objet immédiat, et atteignent, par delà, un nombre plus ou moins grand d'individus, et même la société tout entière.

Maintenant que nous connaissons les élémens de

l'évaluation; il me reste à vous indiquer comment, avec
ces élémens, Bentham évalue les actions.

La première question qu'on peut se poser sur les actions est celle-ci : Une action étant donnée, cette action est-elle bonne ou mauvaise? Or, elle est bonne si
elle est utile, mauvaise si elle est nuisible, et elle est
utile ou nuisible, selon que sa tendance à produire du
plaisir, surpasse sa tendance à produire du mal, ou
que cette derrière tendance, au contraire, surpasse la
première. La question ainsi traduite, on voit que, pour
la résoudre, il suffit de calculer et d'apprécier les effets
possibles de l'action, d'une part les effets bons, de
l'autre les effets mauvais, puis de balancer les deux
listes, après quoi le reste détermine la nature de l'action ; si le reste est du bien, l'action est utile; si le
reste est du mal, l'action est nuisible. La seconde
question qui peut être posée sur les actions est celle-
ci : De deux actions trouvées ou utiles ou nuisibles
par l'opération précédente, laquelle l'est le plus, laquelle l'est le moins? La règle pour la résoudre est
tout aussi simple que la précédente; il est évident que,
pour y parvenir, il suffit de comparer les deux restes
qu'on a trouvés, lorsqu'on a reconnu que ces deux
actions étaient l'une et l'autre ou bonnes ou mauvaises; le reste le plus fort décide laquelle des deux
actions est ou la meilleure ou la pire. Enfin, le troisième problème qu'on peut se proposer sur les actions
est celui-ci : Un certain nombre d'actions bonnes ou
d'actions mauvaises étant donné, déterminer le
degré de bonté ou de méchanceté de chacune? et il

est évident qu'il se résout par la même opération que
le précédent. C'est ainsi, Messieurs, qu'à l'aide de
cette arithmétique on arrive à résoudre tous les pro-
blèmes que l'évaluation morale des actions peut présenter.

Nous touchons à l'application de toute cette méthode, laquelle n'a été imaginée que pour mettre en
valeur le principe de l'utilité. La question que se pose
Bentham et qui est fondamentale en législation, est
celle-ci : A-t-on le droit et convient-il d'ériger en délits
certaines actions et de leur infliger des peines ? Il ne
faudrait pas le faire si le législateur n'en avait pas le
droit, ou ce qui est identique dans les idées de Bentham, si une telle mesure n'était pas utile à la société,
et s'il ne fallait pas le faire il ne faudrait pas de loi,
l'œuvre du législateur deviendrait superflue ; car,
qu'est-ce qu'une loi ? c'est une prescription, et sans une
sanction, c'est-à-dire une peine, la prescription serait
vaine, la loi n'existerait pas.

Pour résoudre cette question fondamentale, voici
comment Bentham raisonne. Qu'est-ce qu'un délit ?
C'est une action qui entraîne du mal ; car on ne qualifie pas délit des actions qui ne produisent que des résultats bons ou indifférens ; quand on l'a fait, ç'a
été par erreur. D'autre part, qu'est-ce qu'une peine
décernée contre une action ? c'est un mal. Maintenant
quel est le but de la société ? c'est d'arriver à la plus
grande somme de bien possible ; quelle est la mission
du législateur et du gouvernement ? c'est de faire que
cette somme soit la plus grande possible. A quoi donc

se ramène cette question posée par le législateur ;
si certaines actions doivent être érigées en délits, et
s'il est bon de leur infliger des peines? à une question de balance entre deux maux. En effet, l'action
produit un mal, et la peine en est un; il s'agit donc
de savoir en premier lieu, si la peine peut empêcher
l'action, ou, du moins, la prévenir souvent; et en second lieu, en supposant qu'elle le puisse, si le mal de
la peine est moindre que celui de l'action? En est-il
ainsi? il est utile, et, par conséquent, on a le droit
d'ériger l'action en délit et d'y attacher la peine. Telle
est la solution de Bentham, et elle ne pouvait être
autre dans ses idées. Or, ce principe posé, il n'est pas
difficile de démontrer qu'il y a des peines efficaces à
prévenir, ou, au moins, à rendre très-rare telle action nuisible à la société. Il ne l'est pas davantage de
prouver qu'il y a beaucoup de cas où le mal de la peine
est infiniment moindre pour la société que le mal de
l'action. De là, la convenance et la justice d'ériger certaines actions en délit et de leur infliger des peines.

A la suite de cette théorie, Bentham cherche le moyens
que le législateur peut avoir à sa disposition, pour agir
sur la société, c'est-à-dire, pour engager les hommes à
faire le plus d'actions utiles et le moins d'actions nuisibles à la communauté; ce qui le conduit à une branche de la science qu'on pourrait appeler, avec M. Dumont, la dynamique morale, et qui a pour objet la
détermination des leviers qui agissent sur la volonté
humaine, et dont peut se servir le législateur, pour
diriger cette volonté dans le sens qui lui convient.

Je terminerai cette leçon, Messieurs, par l'exposition
rapide des principales idées de Bentham sur ce sujet.

Un motif d'action, dans son système ne peut être
qu'un plaisir ou une peine; car, d'après son principe,
aucune autre chose ne peut influer sur nos déterminations. S'il en est ainsi, le plaisir et la peine sont les
seuls leviers dont le législateur puisse se servir pour
nous porter à certaines actions, et nous détourner de
certaines autres; en d'autres termes, le plaisir et la
peine sont les seules sanctions possibles qu'il puisse
donner à ses lois. Or, pour se faire une idée nette de
l'étendue de ce moyen unique, il fallait que Bentham
étudiât avec soin les plaisirs et les peines sous ce
nouvel aspect, c'est-à-dire, en tant que propres à devenir des sanctions de la loi ou des leviers dans la
main du législateur. C'est de la sorte et par ce chemin
qu'il arrive à reconnaître quatre classes de peines et
de plaisirs, capables d'agir comme sanctions. La première, se compose des plaisirs et des peines, qui dérivent naturellement pour nous des actions que nous
faisons. Quand nous accomplissons un acte, cet acte
entraîne naturellement pour nous un certain nombre
de conséquences agréables ou désagréables que nous
pouvons prévoir, et à ce titre, elles sont un puissant mobile de nos déterminations. Bentham appelle sanction
naturelle ou physique, cette première classe de plaisirs et de peines. Mais indépendamment des conséquences directes qui suivent pour nous de nos actions,
il y en a d'indirectes qui n'en dérivent que par ce qu'il
y a autour de nous d'autres hommes. Ainsi, quand

nous avons fait une mauvaise action, elle nous attire
le mépris et l'inimitié de nos semblables. Outre que
ces sentimens sont désagréables pour nous, ils font
que nos semblables sont moins disposés à nous obli-
ger, et à nous rendre, comme dit Bentham, des services gratuits ; car, si nous attachons du prix à la
bienveillance des autres hommes, c'est que cette bienveillance, selon lui, les dispose à nous rendre des services qui ne nous coûtent rien. Cette classe de peines
et de plaisirs forme ce que Bentham appelle la sanction morale ou la sanction d'honneur et d'opinion.
Viennent en troisième lieu, les peines et les plaisirs
que peuvent attirer sur nous nos actions, en tant qu'il
y a des lois qui infligent des peines pour tel acte
et quelquefois des récompenses pour tel autre ; c'est
ce que Bentham appelle la sanction légale. Enfin, si
nous avons des croyances religieuses, et si ces croyances nous font espérer ou craindre pour une certaine
conduite en cette vie, certaines récompenses ou certaines punitions dans une autre, il s'ensuit une quatrième classe de plaisirs et de peines, plaisirs et peines
futures, mais qui n'en sont pas moins un mobile de
détermination, et qui forment la quatrième sanction,
ou la sanction religieuse. Ainsi, sanction naturelle,
sanction morale, sanction légale, sanction religieuse,
tels sont les leviers par lesquels notre volonté peut être
remuée et parmi lesquels le législateur doit chercher
ses moyens d'action ; car il ne peut en trouver ailleurs,
il n'en existe pas d'autres.

Mais le législateur peut-il se servir de tous ces

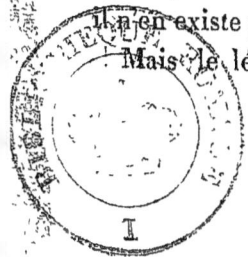

deviers ; et en supposant qu'il le puisse, le doit-il ?
Bentham trace ici la ligne de démarcation qui sé-
pare la législation de la morale. Il montre très-bien,
et, par des raisons très-sages, ce qui avait été démontré mille fois, mais jamais peut-être avec la même
évidence, jusqu'où peut aller la législation, et où elle
ne doit pas pénétrer. Le législateur a tout-à-fait en sa
puissance la sanction légale ; il dépend de lui d'attacher telle punition à un acte, et telle récompense à
un autre ; mais il ne crée pas les trois autres sanctions ; ce n'est pas lui, mais la nature des choses qui
attache aux actes la sanction naturelle ; ce n'est pas
lui, mais l'opinion et les croyances qui attachent à
ces mêmes actes la sanction morale et la sanction religieuse ; ne créant pas ces trois sanctions, il ne peut
les gouverner et les plier à ses desseins ; son véritable
levier est donc la sanction légale ; c'est par elle qu'il
doit agir, parce qu'il en dispose ; mais il ne s'en suit
pas qu'il doive négliger les trois autres ; s'il le faisait,
il courrait le risque non-seulement de se priver de
l'appui qu'il peut y trouver, mais encore d'affaiblir
et de rendre impuissante la sanction même dont il dispose. En effet, ces forces qui agissent avant lui et
sans lui, peuvent agir contre lui ; s'il les heurte,
pour lui, s'il sait se les concilier ; le premier soin du
législateur doit donc être de ne point se mettre en
hostilité avec elles ; le second, de s'en faire des auxi-
liaires.

Supposons, par exemple, qu'une certaine opinion
religieuse domine dans un pays ; qu'arrivera-t-il si le

législateur prescrit, sous la sanction légale, des actions que cette religion défend, ou en défend qu'elle condamne ? Il arrivera que la sanction religieuse, mise en opposition avec la sanction légale, neutralisera celle-ci, et, par conséquent, rendra la législation impuissante. C'est ce que le législateur doit éviter, alors même qu'il considérerait les prescriptions de la religion comme funestes, et celles qu'il sacrifie comme utiles à la société. Et pourquoi ? C'est que d'abord ses prescriptions, quoique meilleures, seraient impuissantes, et c'est ensuite qu'il a le plus grand intérêt à se ménager l'appui de la sanction religieuse, et qu'en ne la heurtant pas dans un cas, elle viendra à son aide dans une foule d'autres, où non-seulement elle secondera puissamment la sanction légale mais en tiendra lieu quand celle-ci ne pourra s'appliquer. Il en est de même des habitudes et des mœurs d'un pays ; si le législateur les choque, il met la sanction morale en contradiction avec la sanction pénale, ses lois deviennent odieuses et par cela même impuissantes ; au lieu que, s'il sait sacrifier quelque chose à cette force redoutable, elle le lui paiera avec usure en donnant à ses lois l'appui de l'opinion publique et du sentiment national. Ces exemples suffisent pour indiquer la pensée de Bentham, et faire pressentir les riches développemens qu'il lui donne. Bentham avait fait une étude approfondie des législations, il avait consacré sa longue vie à l'observation des faits sociaux, et ses ouvrages abondent en vues pratiques de la plus grande utilité. C'est un hommage que je suis heureux

de lui rendre, en compensation des critiques que j'ai
déjà indiquées, et que je formulerai contre les principes de son système.

Après avoir posé les limites de la morale et de la
législation, Bentham entre dans la législation elle-
même et jette les bases du Code pénal et du Code
civil ; nous le suivrons dans ces régions pratiques de
son système quand nous y pénétrerons nous-mêmes :
pour le moment je dois m'arrêter. J'ai embrassé l'ensemble de ses opinions théoriques, j'ai montré son
point de départ, son but et sa méthode; je consa-
crerai la prochaine leçon à examiner la valeur de cette
doctrine, bien qu'à la rigueur je pusse m'en dispenser ;
car, tout ce que j'ai dit contre la philosophie de
Hobbes, je l'ai dit contre celle de Bentham, puisqu'il y a identité entre les principes de ces deux phi-
losophies.

Quatorzième Leçon.

SYSTÈME ÉGOISTE. — BENTHAM.

MESSIEURS,

J'ai cherché dans la dernière leçon à vous donner une idée vraie quoique très-générale du système de Bentham. Si cet écrivain avait essayé d'en démontrer les bases, j'aurais essayé à mon tour de les contester; mais comme il professe que le principe de l'utilité n'a pas besoin de preuves, et qu'il l'abandonne à sa propre évidence, ce que j'ai dit de la doctrine de Hobbes suffit contre celle de Bentham, qui est dans son principe exactement la même.

Bentham, s'il ne prouve pas sa doctrine, attaque du moins celles qui en diffèrent. Sûr de l'évidence de son principe, le prestige que peuvent exercer les principes opposés, semble être la seule chose qui le préoccupe, et il s'efforce de montrer que ces principes sont faux. Quoiqu'il n'ait pas donné un grand

développement à cette polémique, toutefois, c'est là
qu'il faut chercher le peu de philosophie qui se trouve
dans ses écrits, lesquels n'en présentent aucune autre
trace. Je vous soumettrai donc dans la leçon d'aujourd'hui les principaux argumens de cette polémique, et j'essaierai de les réfuter; car si quelque chose
a pu convertir au système de Bentham les esprits qui
s'inquiètent du fondement d'une doctrine, ce sont
nécessairement ces argumens contre les systèmes opposés.

Je vous ai déjà indiqué dans la dernière leçon
quelques-unes des causes qui avaient donné de l'autorité à Bentham et lui avaient procuré des disciples
fanatiques. Il n'est pas déraisonnable de compter au
nombre de ces causes cette circonstance même,
qu'il ne prouve par son système. Quand un philosophe, en effet, pose un principe et se donne la
peine de le démontrer, ses disciples savent pourquoi
ils l'admettent, et soit que leur conviction soit ou ne
soit pas entière, elle est du moins raisonnée, ce qui
empêche qu'ils ne deviennent passionnés et fanatiques. Mais quand un philosophe pose un principe et
déclare qu'il serait absurde de vouloir le prouver,
alors ceux qui le reçoivent le font sur sa parole et
uniquement parce que le maître l'a dit, et dès lors,
il y a chance pour le fanatisme. Ainsi fait Bentham
et ce dédain de la preuve se retrouve dans sa polémique contre les systèmes opposés; car au lieu d'entrer dans une critique sérieuse et développée de ces
systèmes, il indique seulement comment il faudrait

s'y prendre pour les réfuter ; en sorte que c'est plutôt une moquerie qu'une réfutation. Je le répète, cette foi prodigieuse de Bentham en ses opinions, en a inspiré une très-grande à ses disciples, et de là l'entier assentiment qu'ils accordent à tout ce qu'il a pu dire ou écrire et la passion aveugle avec laquelle ils le défendent.

Mais une cause plus immédiate et plus puissante encore du succès de la doctrine de Bentham, c'est que cette doctrine est tout naturellement celle de cette espèce d'hommes qui se donnent à eux-mêmes avec orgueil, et à qui on a laissé prendre avec complaisance le nom d'hommes positifs, classe extrêmement recommandable, élément utile de la société, mais, de toutes, la moins apte peut-être à discerner dans les sciences la vérité de l'erreur. Je vous prie, Messieurs, de bien saisir les limites de mon opinion ; je répète que je fais cas des hommes qui s'appellent positifs et que j'ai les yeux très-ouverts sur leur mérite ; ils en ont, et je suis prêt à leur en reconnaître beaucoup ; la seule chose que je conteste, c'est que la nature et les habitudes de leur esprit les rendent très-propres à découvrir la vérité, et, par conséquent, à faire autorité en matière de science.

En effet, Messieurs, ce qui distingue, ce qui caractérise les hommes positifs, c'est de ne voir et de ne comprendre que ce que tout le monde voit et comprend très-clairement, et de ne tenir et de ne reconnaître pour vrai que cela ; là où s'arrête le bon sens le plus vulgaire, là, selon eux, s'arrête aussi la certitude ; ils imposent à la science des limites des esprits communs.

En partant de ce principe, les hommes positifs divisent tout ce qui a été et tout ce qui pourra jamais être pensé en deux sphères distinctes, celle de la spéculation et celle des faits, rejettant sans rémission tout ce que la première embrasse et n'admettant que ce qui est compris dans la seconde. Mais ils ne laissent pas à ces deux mots leur valeur ordinaire; car ils appellent spéculation tout ce qu'ils ne comprennent pas.

Et d'abord ils appellent spéculation tout ce qui n'est pas la conséquence immédiate et prochaine des faits, repoussant comme choses comprises sous ce mot toutes les inductions un peu éloignées et qu'il faut un peu d'haleine pour atteindre. Il en résulte que, dans une foule de cas, le raisonnement le plus sévère est à leurs yeux de la spéculation.

Les hommes positifs n'admettent même pas toutes les espèces de faits; il y en a tout une classe qu'ils rejettent, et cette classe est celle des faits qui ne sont pas sensibles, c'est-à-dire, qui ne tombent pas sous les cinq sens que la nature nous a donnés; ainsi, les faits intellectuels et moraux et tous ceux que la conscience découvre en nous, sont pour eux des chimères; or, cette classe comprend à peu près la moitié des phénomènes qu'il a été donné à l'intelligence humaine d'atteindre et de connaître.

En niant cette grande moitié des faits observables, les esprits positifs nient et retranchent par cela même de la connaissance humaine toutes les vérités d'induction et de déduction que le raisonnement peut en faire sortir, et, par suite, toutes les sciences qui se compo-

sent de ces vérités; à leurs yeux ces sciences sont
spéculatives et par conséquent n'existent pas.

Le véritable esprit positif va plus loin encore; il
n'admet pas même tous les faits sensibles; car, parmi
ces faits il repousse et met en doute ceux qui ont le
malheur d'être placés à quelque distance de lui, soit
dans le tems, soit dans l'espace; ce qui s'est passé à
Rome il y a deux mille ans, ce qui arrive aujourd'hui
en Chine, ce que les lunettes des astronomes ap-
perçoivent dans le ciel, c'est pour lui de la spéculation.

Il ne faut pas seulement aux hommes positifs qu'un
fait soit sensible et prochain, il faut encore qu'il soit
bien connu de tout le monde et qu'on l'ait observé dix
mille fois; un fait nouveau, insolite, est de la spéculation.

Parmi les faits bien connus, ils ne tiennent compte
que des plus considérables et méprisent les petits; ils
ne voient dans un arbre que le tronc et les plus grosses
branches; les feuilles sont déjà de la spéculation.

Voilà la logique des hommes positifs; leur psycho-
logie en est la conséquence immédiate.

Ils n'admettent dans l'homme que les facultés dont
ils estiment les produits; ils font grand cas d'un bon
estomac, d'une bonne paire de jambes, des cinq sens
de nature, et de ce gros raisonnement qui, quand
il fait froid le soir au mois décembre, prévoit qu'il
pourra bien geler la nuit; toutes les autres facultés de
l'homme, plus subtiles, plus élevées, ils les méprisent
ou ils les nient; pour eux, ils n'en font aucun usage,
peut-être même ne les ont-ils pas.

Ils tiennent pour insensés ceux chez qui ces facultés se développent et agissent. Un poète, un peintre, un homme religieux, un métaphysicien, un algébriste, un savant, sont à leurs yeux des créatures bizarres, des êtres exceptionnels.

Ils estiment des billevesées tous les produits de ces facultés. Un volume de Lamartine, un dialogue de Platon, un mémoire de l'Académie des inscriptions, une formule de Laplace, un paysage du Poussin, une belle page d'histoire, sont à leur sens des bagatelles qui peuvent bien amuser les hommes excentriques, mais qui n'offrent rien de solide et qui mérite d'occuper un esprit positif. Les canaux, les machines à vapeur, le cours de la rente, l'industrie, l'agriculture, le commerce, tout ce qui vaut et se vend, voilà ce qui a de la réalité et de l'importance.

Appliquez ces principes à la morale, Messieurs, et vous aurez ceci, qui est le système de Bentham.

Tous les mobiles élevés ou non raisonnés qui agissent sur notre nature, et qui ont une si grande part dans notre conduite, n'existent pas pour l'homme positif; il n'apperçoit pas les uns, il méprise les autres et les laisse aux femmes et aux enfans.

Il n'admet que l'intérêt, c'est-à-dire le bien-être; mais il supprime dans l'intérêt tous les plaisirs délicats qui dérivent de nos plus hautes, de nos plus nobles facultés; il lui faut des intérêts palpables qu'il puisse toucher, mesurer, encaisser; il ne comprendrait pas Épicure, s'il le lisait; mais il ne le lit pas, car c'est un philosophe et un ancien; il doute même qu'il ait existé ; qui peut savoir, en effet, ce qui est arrivé dans le monde il y a deux mille ans ?

La morale est pour lui un calcul, et c'est par addition et soustraction qu'il détermine dans chaque cas ce qu'il convient qu'il fasse. Et comme l'homme positif est la mesure du monde aux yeux de l'homme positif, c'est le calcul à ses yeux qui mène le monde. Quant à Dieu, il n'y croit ni n'en doute ; il ne veut pas y songer, c'est chose trop subtile. Étroit, il est confiant, il est sûr, il ne doute de rien, il est heureux.

Les esprits positifs croient bien fermement qu'ils gouvernent le monde ; et, en effet, ils sont partout à la surface ; ils font les lois, ils administrent, ils fabriquent, ils trafiquent, ils consomment ; ils ne s'aperçoivent pas que le monde qu'ils pensent porter, est en mouvement sous leurs pieds, et que c'est lui qui les porte.

Les rouages visibles du monde, les seuls qu'ils aperçoivent, sont conformes à leurs idées ; mais les moteurs, leur échappent, et ils prennent la roue du moulin pour l'eau qui la fait tourner.

Bentham, Messieurs, était un de ces esprits ; il a toute la portée, toute la force, toute l'étendue, toute la pénétration, toute la confiance qu'on peut avoir dans le cercle d'idées que je viens de tracer. Il devait donc avoir le système qu'il a eu, et ce système rencontrant la foule des esprits trempés comme le sien, devait les prendre, les rallier, les enchanter. Aussi tous les hommes positifs des deux mondes ont battu des mains au système de Bentham, et c'est là, par-dessus tout, la grande, la véritable cause de son succès.

Et maintenant, Messieurs, voyons en quoi consistent les redoutables objections élevées par Bentham contre les systèmes qui ne concentrent pas dans l'intérêt tous les motifs des déterminations humaines. C'est dans le premier chapitre de l'*Introduction aux principes de la morale et de la politique* que la partie la plus importante de cette polémique se trouve consignée. Là, en effet, après avoir posé l'intérêt comme le motif universel de toute détermination, et déclaré qu'une pareille assertion n'a pas besoin de preuves, Bentham passe, non pas à la réfutation des philosophes qui ont assigné à la politique et à la morale un autre principe, mais à l'indication de la route qu'il faudrait suivre et de la manière dont un partisan de l'utilité devrait s'y prendre pour les convaincre de leur erreur, ou tout au moins pour les réduire au silence. Voici, selon Bentham, comment un partisan du principe de l'utilité doit argumenter contre un adversaire de ce principe.

D'abord, il n'y a personne, dit Bentham, qui ne reconnaisse que l'utilité ou la recherche du bien-être est un des mobiles des déterminations humaines. Cela est si évident que les partisans, même les plus outrés, des systèmes opposés, ne l'ont jamais nié. Quelle que soit donc la personne à laquelle vous ayez à faire, elle placera le principe de l'utilité au nombre des mobiles des déterminations humaines; seulement, à côté de ce mobile, elle en admettra un autre, et c'est en cela que son opinion s'éloignera de la vôtre. Eh bien ! engagez-la d'abord à analyser cet autre mobile, afin de bien voir si ce principe qu'elle croit distinct du principe de l'utilité, ne serait pas ce même principe sous une autre forme. Voilà le premier moyen à employer, et le plus souvent il suffira ; car, il est fort peu d'hommes qui, en examinant de près les mots de bien et de mal, de crime et de vertu, d'honneur et de bassesse dont ils se servent, ne reconnaissent qu'au fond ces mots n'ont de sens que dans le système de l'utilité ; vous convertirez donc par là tous les ennemis irréfléchis de votre principe.

Mais, supposons que, dans la sincérité de sa pensée, votre adversaire admette, à côté du principe de l'utilité, un principe qui en soit réellement distinct ; alors, cet autre principe ne peut être que celui de l'antipathie et de la sympathie. Et, en effet, le caractère propre du principe de l'utilité, c'est de qualifier les actions, de les approuver ou de les désapprouver d'après leurs conséquences ; or, on ne peut concevoir qu'un seul principe distinct de celui-là ; car, si on ne juge pas les actions par leurs conséquences, il faut nécessairement les juger par quelque chose d'indépendant de leurs conséquences ; il faut, en d'autres termes, qu'à l'idée de chaque action s'attache naturellement une approbation ou une désapprobation antérieure aux suites de l'action, et tout-à-fait indépendante de ces suites ; or, sous quelque forme qu'on enveloppe ce fait, il reste toujours le même, et il constitue le principe que j'appelle de la sympathie et de l'antipathie. Mais si chaque homme, dit Bentham, attache ainsi à *priori*, une idée de bonté et de méchanceté

aux actions, il doit arriver de deux choses l'une,
ou bien que vous vous croirez le droit, vous individu, d'imposer vos jugemens moraux aux autres
hommes, ou bien que vous reconnaîtrez à tout
homme celui d'avoir les siens et d'agir en conséquence. Dans la première hypothèse, il faut dire à
l'adversaire de l'utilité, que son principe est tyrannique; car, de ce que vous sentez de telle ou
telle façon les actions qui sont soumises à votre jugement, de ce que votre raison ou votre instinct
trouve les unes bonnes et les autres mauvaises, il
ne s'en suit pas que vous ayez le droit d'imposer ce
sentiment aux autres individus de l'espèce; que si
vous le faites vous mettez votre instinct à la place du
leur, vous leur imposez votre jugement, et votre
principe est tyrannique pour l'espèce humaine. Accor-
dez-vous, au contraire, aux sentimens de chaque individu dans la qualification des actions, la même autorité; les individus étant différens, les jugemens va-
rieront, et votre principe est anarchique. Voilà l'alternative à laquelle vous ne pouvez échapper, si vous
renoncez à juger les actions par leurs conséquences;
car, alors, à la place de ces conséquences qui sont
choses positives, calculables, les mêmes aux yeux de
tous les hommes, vous donnez pour base à vos jugemens moraux de purs sentimens, c'est-à-dire des
faits éminemment individuels et par conséquent éminemment variables d'un homme à un autre, sentimens qu'il est tyrannique d'imposer, et anarchique
de reconnaître comme base de la morale.

Cet argument épuisé, dit Bentham, allez un peu plus loin : priez l'adversaire du principe de l'utilité de dire, si le principe à *priori*, par lequel il prétend que les actions sont appréciées, est aveugle ou ne l'est pas. S'il est aveugle, alors c'est un pur instinct ; on ne peut ni le justifier, ni l'expliquer ; tout ce qu'on peut en dire, c'est qu'il est. S'il n'est pas aveugle, il est donc raisonné ; il y a donc, en d'autres termes, une loi, une règle que vous appliquez, et de laquelle vous tirez l'appréciation à *priori* des actions. Si telle est la doctrine de votre adversaire, poursuit Bentham, demandez lui quelle est cette règle supérieure au moyen de laquelle il juge qu'une action est bonne ou mauvaise. Examinez avec lui si cette règle ne serait pas celle de l'utilité. Que, si elle ne l'est pas, obligez-le de donner une définition de cette règle, de la formuler de manière à ce qu'on la comprenne et à ce qu'on puisse l'appliquer.

Allez plus loin encore, continue Bentham, et en supposant qu'il y ait deux principes, celui de l'utilité et un autre, priez votre adversaire de faire la part des deux principes ; de dire jusqu'où va, jusqu'où peut s'appliquer le principe de l'utilité ; là où son autorité s'arrête, là où doit commencer d'intervenir l'autre principe ; en d'autres termes, engagez-le à délimiter rationnellement les deux autorités, et à démontrer que là où il pose les bornes, là elles doivent être réellement posées.

Mais ce n'est pas encore tout : admettons que votre adversaire définisse son principe, admettons qu'il lui fasse sa part, et pose des bornes à sa juridiction et à celle de l'utilité, il reste à savoir si cette juridiction est réelle, si l'autorité prêtée à ce principe distinct de l'utilité, il la possède. Pressez donc encore, dit Bentham, le partisan de ce principe, priez-le d'assigner l'action que ce principe exerce sur la nature humaine, de dire et de montrer à quel titre et comment il peut l'exercer; car, il ne suffit pas d'imaginer un principe, et de lui décerner le titre de motif de nos déterminations pour lui en donner l'autorité et la puissance; cette puissance et cette autorité, il faut qu'il les possède réellement, autrement ce n'est qu'un principe chimérique. Quiconque croit à l'existence d'un motif distinct de l'utilité, est donc tenu de montrer que ce motif est capable d'exercer une action sur la volonté humaine et de la déterminer, en d'autres termes qu'il a quelque prise sur notre nature.

Bentham n'imagine pas qu'il y ait un adversaire du principe de l'utilité, qui puisse résister à cette argumentation; s'il échappe à un des piéges dont il vient en quelque sorte de dresser la carte, il doit infailliblement, selon lui, tomber dans l'autre.

En feuilletant l'ouvrage de Bentham, je n'ai trouvé, en dehors de ce plan, que deux argumens distincts. Ces deux argumens je vais vous les soumettre, afin que vous ayez une idée complète de toute la polémique de ce philosophe.

Bentham estime qu'il faut qu'une loi soit extérieure à celui qu'elle gouverne. Or, dit-il, l'utilité est quelque chose d'extérieur aux individus qu'elle régit. Et, en effet, elle se compose de faits matériels et mesurables, que nous voyons résulter des actions, et qu'on ne peut pas contester. Par conséquent l'utilité est une chose extérieure qui peut être, dans chaque cas, évaluée d'une manière irrécusable pour tous, et par suite imposée comme loi. Au lieu que le motif par lequel vous prétendez apprécier la bonté et la méchanceté des actions étant un phénomène intérieur, ne saurait être considéré comme loi ni par l'être dans lequel il se produit, ni à plus forte raison par ceux dans lesquels il se produit autrement ou ne se produit pas du tout. En un mot, il ne saurait devenir une règle.

Le second argument est celui-ci : Si vous admettez le principe de l'antipathie et de la sympathie, il s'en suit que le législateur doit punir les actions proportionnellement à la répugnance qu'elles inspirent, ou à la désapprobation instinctive qu'elles excitent. L'expérience prouve que jamais les législateurs n'ont suivi cette règle, et le bon sens dit qu'ils ont bien fait ; car elle conduirait à toutes les absurdités possibles en matière de législation.

Telles sont les deux objections qui ferment la liste des raisonnemens de Bentham contre les adversaires de son principe. Il nous reste maintenant à reprendre, l'un après l'autre, ces argumens divers, et à montrer en quoi ils nous paraissent impuissans contre les systèmes qu'ils attaquent. Mais avant d'entrer dans cet examen, j'ai besoin, Messieurs, d'attirer votre attention sur une confusion de choses et d'idées dans laquelle l'esprit très-peu philosophique de Bentham

4.

s'est laissé tomber, et qui compliquerait singulière-
ment mes réponses à ses argumens, si elle n'était pas
préalablement et avant tout, soigneusement dé-
mêlée.

Cette confusion, Messieurs, est d'autant plus importante à signaler, que c'est par elle qu'un grand
nombre de partisans du système égoïste se sont ef-
forcés d'échapper aux conséquences révoltantes pour
le sens commun de leur opinion. Les uns comme
Bentham, y sont tombés par pur instinct, et sans s'en
apercevoir ; les autres en ont eu conscience, et ont
essayé de la justifier ; la gloire de Hobbes est de l'a-
voir vue et dédaignée.

Elle consiste, Messieurs, à substituer dans le système égoïste la règle de l'intérêt général à celle de
l'intérêt individuel, comme si ces deux règles étaient
identiques, comme si la première n'était que la traduction de la seconde, comme si elle sortait aussi
et pouvait légitimement sortir du principe fondamental
de ce système.

Que Bentham, Messieurs, opère cette substitution,
c'est ce qui est incontestable, et ce qui résulte évidemment de l'exposition que je vous ai donnée de
son système. Vous pouvez vous souvenir, en effet,
que, du moment où, après avoir posé ses principes
il en vient à rechercher une méthode pour l'évaluation des actions, à discuter la question de savoir s'il
convient d'ériger des actions en délits et de les soumettre à une peine, à examiner les différentes sanctions dont le législateur peut user et les limites dans

lesquelles il doit en user, il ne s'agit plus pour lui
de l'utilité individuelle, mais de l'utilité générale ;
la première à disparu, la seconde seule le préoccupe ; c'est par rapport à l'utilité de la société qu'il
nous apprend à évaluer les actions et à les qualifier ;
c'est sur l'utilité de la société qu'il fonde la légitimité
des lois pénales ; c'est dans la vue de cette utilité qu'il
trace des limites à leur juridiction. A ne lire que cette
partie de son ouvrage, on croirait qu'il a posé en
principe que le seul motif des déterminations de
l'homme, la seule fin de ses actions, la seule règle
de sa conduite, c'est le plaisir, c'est le bonheur, c'est
l'utilité de ses semblables ; son plaisir, son bonheur,
son utilité à lui ont disparu ; il n'en est plus question.

Que Bentham, en opérant cette substitution n'en ait
pas eu conscience, c'est un second point, Messieurs,
qui n'est pas plus contestable. En effet, pour peu
qu'il s'en fût aperçu, la différence qu'il y a, ne fût-
ce que dans les mots, entre la règle de l'intérêt personnel et celle de l'intérêt général, l'aurait frappé,
et il se serait cru obligé de dire quelque chose pour
rassurer ses lecteurs et leur montrer l'identité de ces
deux règles, leur égale affinité avec sa maxime fondamentale, que le plaisir et la douleur gouvernent le
monde. Mais il n'y a pas trace d'un semblable souci
dans tout le livre de Bentham ; le mot d'*utilité* lui a
déguisé la modification qu'il faisait subir à ses idées ;
il n'a point tenu compte de la différence des épithètes.

Ainsi la substitution est bien réelle dans Bentham, et, de plus, bien innocente. Examinons

maintenant si elle est légitime. Pour s'en assurer,
il faut d'abord voir d'une manière plus précise en
quoi elle consiste, puis ensuite jusqu'à quel point
elle est compatible avec les principes du système
égoïste.

Que dit-on à l'homme, Messieurs, quand on proclame la règle de l'utilité de l'individu ? On lui dit :
fais à chaque instant l'action qui te donnera, à toi,
la plus grande somme de plaisir, ou la moindre
somme de douleur possible. Que lui dit-on, quand
on proclame la règle de l'utilité générale ? On lui
dit : fais à chaque instant l'action, tiens dans chaque
cas la conduite, qui procurera non-seulement aux
hommes qui t'entourent, mais à la société dont tu fais
partie, mais à l'humanité tout entière, la plus grande
somme de bonheur possible. Voilà la traduction fidèle des deux règles ; substituer l'une à l'autre, c'est
mettre la seconde de ces prescriptions à la place de
la première.

Maintenant quelle est l'idée fondamentale du système égoïste? Bentham la proclame dans les premières
lignes de son livre, en disant que le plaisir et la douceur gouvernent le monde, et il la développe d'une
manière précise en ajoutant, que rien n'agit et ne
peut agir sur l'homme que le plaisir et la douleur,
que le plaisir et la douleur sont le seul mobile des
déterminations humaines, que le seul caractère que
puissent avoir les actions et les choses à nos yeux,
c'est la propriété de nous donner du plaisir ou de la
douleur, qu'autrement elles nous paraîtraient toutes

indifférentess, et qu'ainsi la vue du plaisir et de la douleur qu'elles peuvent nous donner est le seul principe possible de qualification. On ne saurait énoncer plus clairement l'hypothèse fondamentale du système égoïste, hypothèse admise et proclamée dans les mêmes termes, par Epicure, par Hobbes, par Helvétius, et par tous les partisans de ce système sans exception.

Reste à voir si cette hypothèse, hors de laquelle il n'y a point d'égoisme, s'accommode aussi bien de la règle de l'intérêt général que de celle de l'intérêt particulier, ou, en d'autres termes, si elle rend aussi légitimement l'une que l'autre : je prétends qu'il n'en est rien.

En effet, Messieurs, quand on pose en principe, comme Bentham le fait au début de son livre, que c'est le plaisir et la douleur qui gouvernent le monde, que rien n'agit et ne peut agir sur l'homme que le plaisir et la douleur ; de quel plaisir et de quelle douleur entend-on parler? Apparemment d'un plaisir et d'une douleur sentis. Or, quels sont pour un individu les plaisirs et les douleurs sentis? Apparemment ceux qu'il éprouve, et non point ceux qu'éprouvent les autres individus ; car ceux-ci, il ne les sent pas, et s'il ne les sent pas, ils ne peuvent agir sur lui. Si donc il est vrai de dire que la seule chose qui ait action sur les individus humains, c'est le plaisir et la douleur, il est vrai de dire aussi que l'action du plaisir et de la douleur se réduit, pour chaque individu, à celle des plaisirs et des douleurs qui lui sont

personnels ; car, encore une fois, les plaisirs et les
douleurs des autres hommes ne sont pas des plaisirs
et des douleurs pour lui, et par conséquent n'existent
pas pour lui. Quelle est donc la légitime conclusion à
tirer du fait posé en principe par Bentham, que le
plaisir et la douleur gouvernent le monde ? C'est qu'en
ce monde chaque individu est uniquement déterminé
par ses plaisirs et ses douleurs personnels ; c'est que
le seul but qu'il puisse poursuivre, c'est son plus
grand plaisir et sa moindre douleur, ou, pour tout
dire en un mot, sa plus grande utilité, son plus
grand intérêt personnel. Ainsi, l'utilité, l'intérêt, le
plaisir, le bonheur personnel, voilà la règle de conduite qui sort et qui seule peut sortir du principe
que la sensation est le seul mobile des déterminations
humaines. Or, entre cette règle, et celle de l'intérêt
général qu'on prétend lui substituer, il y a un abîme.
Car, que prescrit la règle de l'intérêt général ? Elle
prescrit à chaque individu d'agir en vue, non pas
de la plus grande somme de son plaisir à lui, mais
bien du plaisir de la société et de l'humanité ; en
d'autres termes, elle lui pose pour but non son intérêt, non son utilité personnelle, mais la somme totale des intérêts, mais l'utilité totale de tous les hommes : c'est cette somme qu'il doit travailler à accroî-
tre, c'est cette utilité qu'il doit s'efforcer de servir.
Le but est bon, et je l'approuve ; la raison n'est pas
embarrassée à le concevoir, et je m'en fais une idée
fort nette ; mais si rien n'agit sur moi que le plaisir
et la douleur, à quel titre veut-on que je poursuive

ce but et m'y dévoue ? Si l'on répond que c'est à ce
titre, que je souffre sympathiquement des souffrances
de mes semblables et que je jouis sympathiquement
de leurs plaisirs, ou bien à cet autre, qu'en respec-
tant et servant l'utilité des autres hommes, à leur tour
ils respecteront et serviront la mienne, et que, tout
bien considéré, c'est un des meilleurs calculs que je
puisse faire dans mon intérêt ; je répliquerai que,
dans les deux explications, ce n'est toujours pas en
vue de l'utilité générale que j'agis, mais uniquement
en vue de la mienne ; en sorte que rien n'est changé
dans la nature de la fin qui reste toujours ce qui
m'est bon à moi, ni dans celle du mobile qui continue d'être exclusivement l'amour de mon bien : l'u-
lité générale n'est qu'un moyen pour cette fin, qu'un
instrument pour ce mobile ; la règle de l'utilité générale qu'on proclame n'est donc qu'un mensonge, puisque l'utilité personnelle demeure la véritable règle.
Et cela est si vrai, dans les deux explications, que
toutes les fois que je sentirai plus vivement le plaisir
de posséder le bien d'autrui que la douleur sympathique de l'en voir dépouillé, j'aurai, en vertu de la
règle de l'utilité générale expliquée de la première
manière, le droit de lo voler, et qu'en vertu de cette
règle expliquée de la seconde, j'aurai encore le même
droit, pour peu que je trouve plus avantageux de
mettre la main sur sa propriété, que de la respecter.
Singulière règle d'utilité générale que celle qui m'autorise à voler ! Et qu'on ne dise pas que si je vole,
j'aurai mal entendu mon intérêt, et qu'ainsi la se-

conde explication résiste à ma réponse? A quel titre,
si rien n'agit sur moi que mon plaisir, préférerais-je
à la manière dont je le comprends, celle dont vous
entendriez le vôtre, et que je ne comprends pas? Et
quand bien même j'apercevrais toujours dans l'intérêt
général mon plus grand intérêt, en resterait-il moins
vrai que je ne verrais jamais dans le respect de l'un
qu'un bon moyen d'assurer l'autre, et cela ferait-il
que l'intérêt général devînt une règle pour moi? Au
lieu donc de montrer, comment dans la doctrine que
rien n'agit sur l'homme que le plaisir et la douleur,
la règle de l'intérêt général peut être légitimement
substituée à celle de l'intérêt particulier, les deux
explications montrent, au contraire, que cette substitution n'est qu'un mensonge; et, comme on n'a
jamais essayé d'expliquer d'une troisième manière
la possibilité de cette substitution, il reste démontré
qu'elle est impossible, et que la règle de l'intérêt général est inconséquente au principe de l'égoïsme et
n'en peut sortir. La seule règle que puisse rendre le
principe de l'égoïsme est celle de l'intérêt personnel,
et tout philosophe égoïste est placé dans cette alternative étroite, ou de s'en tenir à cette règle, ou de
renoncer au principe fondamental de l'égoïsme, c'est-à-
dire à la doctrine tout entière.

Telle est, Messieurs, la distinction que j'avais
besoin d'établir avant de répondre aux argumens de
la polémique de Bentham; autrement, grâce à la
confusion de ses idées, et à la substitution perpétuelle
qu'il fait, sans s'en apercevoir, d'une règle qui est in-

conséquente à ses principes, à celle qui en découle, je
me serais trouvé en présence de deux doctrines,
au lieu d'une. Maintenant, voilà Bentham simplifié ;
j'ai le droit de le réduire à la règle de l'intérêt personnel et je sais à qui j'ai à faire.

Et ne croyez pas, Messieurs, que je fasse tort à
Bentham, et interprète mal sa pensée en le réduisant à cette règle. Indépendamment de ses principes
fondamentaux qui n'en rendent pas d'autre, je pourrais invoquer en témoignage de son opinion la manière dont il explique toutes les vertus et toutes les
affections sociales, par l'intérêt, non de la société, mais
de l'individu seul. Demandez à Bentham pourquoi il
faut être vrai ? Il vous répondra que c'est pour obtenir la confiance ; probe ? pour avoir du crédit,
et il ajoute, que c'est un moyen de faire fortune qu'il
faudrait inventer s'il n'existait pas; bienfaisant? pour
qu'on vous rende des services gratuits. Demandez-
lui par quel motif il est bon d'éviter un crime caché ?
Il vous dira que c'est par la crainte de contracter
une habitude honteuse qui bientôt se trahirait, et à
cause de l'inquiétude que cause un secret à garder.
Demandez-lui quelle est la source du plaisir d'être
aimé ? il vous apprendra que c'est la vue des services
spontanés et gratuits qu'on peut attendre de ceux qui
vous aiment; du plaisir du pouvoir ? il vous fera
savoir que c'est le sentiment qu'on peut obtenir les
services des autres par la crainte du mal et l'espérance
du bien qu'on peut leur faire ; du plaisir de la
piété ? il vous révèlera que c'est l'attente des grâces

particulières de Dieu , en cette vie et en l'autre. D'où
vous voyez que Bentham ne se méprend pas sur le véritable motif qui peut engager l'égoïste à respecter l'intérêt général, et que, dans le détail, il est aussi conséquent que Hobbes , s'il l'est beaucoup moins dans la
théorie. Un dernier trait éclaircira pour vous toute sa
pensée à cet égard. Pourquoi faut-il tenir sa promesse,
dit-il? — Parce que cela est utile. — On a donc
le droit de la violer si c'est nuisible? — Oui. — Je
ne fais donc aucun tort à Bentham , en le réduisant à
la règle de l'intérêt personnel, et c'est sur ce terrain
que je vais me placer avec lui pour examiner ses argumens.

Et d'abord, Messieurs, il est un fait parfaitement
exact, et que je n'ai nulle envie de contester à Bentham, c'est que personne n'a nié qu'au nombre des
motifs qui déterminent les actions humaines ne se rencontre celui de l'utilité. Ce motif préside incontestablement à un grand nombre de nos déterminations,
et, par conséquent, de nos actions. La question est de
savoir si ce motif est unique, ou si la nature humaine
en présente d'autres; il s'agit de savoir, en d'autres
termes, si nous ne mettons de différence entre les actions qu'en vertu de la connaissance préalablement
acquise des suites nuisibles ou utiles qu'elles peuvent
avoir pour nous, ou si, au contraire, il ne nous arrive pas de distinguer et de qualifier les actions à un
autre titre.

Si donc j'étais l'adversaire que Bentham essayât de
convertir, et qu'il m'engageât à examiner si cet autre

principe, que je crois différent de celui de l'utilité et
que j'admets à côté de ce dernier, ne serait pas le principe de l'utilité déguisé, je lui répondrais que je suis
parfaitement convaincu qu'il n'en est rien, et que ma
raison, pour en être convaincu, c'est qu'il a des caractères tout-à-fait opposés. En effet, qu'est-ce que
l'utilité? c'est ce qui m'est bon, c'est ce qui me convient à moi. Quand donc je juge, quand donc j'agis
en vue de l'utilité, je juge et j'agis par un motif qui
m'est personnel ; car c'est par les rapports qui existent
et que j'aperçois entre l'action et moi, rapports bons ou
mauvais, utiles ou fâcheux, agréables ou désagréables,
que je qualifie l'action, que je la juge, que je me détermine à la faire. Ainsi, le motif du jugement et de la
détermination est personnel, quand je qualifie l'action
et que je la fais au nom de l'utile. Rien n'est si distinct
d'un tel principe que celui que j'admets à côté, et que
j'ai appelé le principe de l'ordre. Et, en effet, ce que je
qualifie bon en vertu du principe de l'ordre, ce n'est
pas ce qui m'est bon à moi, mais ce qui est bon en soi,
ce n'est pas ce qui me convient à moi, mais ce qui en
soi convient. Quand donc je juge et j'agis en vertu
de ce principe, comme ce principe ne me fait pas du
tout voir les actions dans leurs rapports avec moi,
mais dans leurs rapports avec autre chose que moi,
c'est-à-dire avec l'ordre, ce n'est pas par un motif
personnel que je juge et que j'agis, c'est par un motif
impersonnel. Non-seulement donc le principe que j'admets à côté du principe de l'utilité n'est pas ce principe
déguisé, mais on ne peut rien imaginer de plus op-

posé, puisqu'en premier lieu, les caractères de ce second principe sont complètement opposés aux caractères du principe de l'utilité; puisqu'en second lieu, la détermination prise en vertu de ce principe est d'une autre nature que la détermination prise en vertu du principe de l'utilité; puisqu'enfin, dans un cas, ce sont les suites de l'action par rapport à moi que je considère, tandis que, dans l'autre, c'est la nature même de l'action que j'envisage indépendamment de ses suites. Il n'y a donc et il ne peut rien y avoir, je ne dis pas de plus distinct, mais de plus contraire que le principe de l'utilité et le principe moral.

J'accepte donc tout ce que Bentham désire que j'accepte; je reconnais en premier lieu, un principe distinct de celui de l'utilité, et qui n'est pas celui de l'utilité déguisée; je reconnais en second lieu, que ce principe ne s'appuie pas, pour apprécier et qualifier les actions, sur les suites agréables ou désagréables qu'elles peuvent avoir, mais sur un tout autre fondement.

Maintenant examinons s'il est vrai de dire qu'un principe qui approuve les actions ou qui les désapprouve par un autre motif que les suites agréables ou désagréables, utiles ou nuisibles de ces actions, est un principe qui est placé dans cette alternative, ou d'être despotique, ou d'être anarchique. Non – seulement je le nie, mais j'affirme que le seul principe dont on puisse dire, avec raison, qu'il est placé dans cette alternative, c'est le principe de l'utilité.

Pour en juger, Messieurs, examinons d'abord les raisons de Bentham en faveur de son opinion. Ben-

tham dit que les conséquences d'une action pour
le bonheur d'un individu, étant des faits matériels,
visibles et palpables; il est impossible que tous les
hommes ne s'entendent pas sur la nature bonne ou
mauvaise de ces conséquences. J'en conviens sans
peine; j'accorde que si on réunit un jury d'hommes
indifférens et qu'on leur pose cette question : Telle
action entraînera-t-elle pour tel individu, placé dans
telles circonstances, des conséquences plus avantageuses que funestes, ou plus funestes qu'avantageuses?
en général, ce jury tombera d'accord sur la réponse.
Mais je prétends que, poser ainsi la question, c'est la
méconnaître, et que l'argument tiré par Bentham de
la réponse ne prouve nullement ce qu'il a la prétention
d'établir.

En effet, Messieurs, que résulte-t-il de cette réponse? Une seule chose; c'est qu'en vertu de la définition égoïste du bien, les hommes tombent facilement
d'accord sur ce qui est bien pour un individu donné.

Mais si, en vertu de cette même définition, les
différens individus sont conduits à considérer comme
leur bien des choses opposées et des conduites contraires, y en aura-t-il moins lutte de ces individus
entre eux, et par conséquent anarchie?

Qu'en vertu de la définition égoïste du bien,
votre jury tombe d'accord sur ce qui est bien pour
un individu, j'y consens. Mais si, en vertu de la
même définition, le même jury, considérant la chose
par rapport à un autre individu, s'accorde également
à reconnaître que ce qui est bien pour celui-là est,

au contraire, mal pour celui-ci, son unanimité n'aura
servi à prouver qu'une chose, c'est qu'en vertu de la
définition égoïste du bien, ce qui est bien pour un individu est mal pour un autre, ce que l'un a le droit
de faire, l'autre a le droit de l'empêcher, et qu'ainsi
cette définition conduit directement à l'anarchie.

Bentham pose donc mal la question, et son argument n'est qu'un sophisme. La véritable question est
de savoir si le principe de l'égoïsme, ou, ce qui revient au même, la définition qu'il donne du bien,
tend à diviser ou à concilier les volontés, à mettre
aux prises les individus ou à les unir? Or, la question ainsi posée reçoit du raisonnement et de l'expérience une solution toute contraire à celle qu'il plaît
à Bentham de lui donner.

En effet, Messieurs, si le bien pour moi est la
plus grande somme de mon plaisir à moi, et qu'il en
soit de même pour chaque individu de l'espèce,
et si, conséquement à cette définition, nous avons
chacun le droit de faire tout ce qui peut nous conduire à ce but, n'est-il pas évident qu'à moins que
je ne trouve toujours mon plus grand plaisir dans
ce qui fait le plus grand plaisir des autres, et les
autres leur plus grand plaisir dans ce qui fait le mien,
ce principe va nous mettre aux prises, et semer entre nous la division et l'anarchie? Voilà ce que dit
le raisonnement. Et maintenant que dit l'expérience?
Elle affirme que, dans une foule de circonstances, ce
qui paraît utile à l'un paraît nuisible à l'autre, et
qu'une même action a des conséquences toutes diffé-

rentes, souvent opposées, pour les différens intérêts individuels; ensorte que si chaque individu voulait toujours faire ce qui lui semble le plus avantageux à son intérêt, sans tenir compte d'aucune autre considération, la société serait dans l'anarchie; elle dépose que la poursuite exclusive de leur intérêt à laquelle se livrent toujours un grand nombre d'individus, est le principe des luttes qui affligent la société, et qui la bouleverseraient si les lois n'y mettaient ordre; elle ajoute que ce même principe met les peuples aux prises comme les individus, et opère l'anarchie dans l'humanité, comme il l'opérerait dans le sein de chaque société si elle n'y était pas réprimée; en sorte que proclamer la légitimité de tous les intérêts individuels, et déclarer que quiconque agit selon son intérêt agit bien, c'est proclamer le principe même de l'anarchie. Voilà ce que disent et le raisonnement et l'expérience, et l'on voit que, sur ce point, leurs dépositions ne sont guère d'accord avec l'opinion de Bentham.

Maintenant ne consentez-vous point à cette anarchie, et voulez-vous prévenir ou réprimer cette lutte des intérêts individuels : je demande comment vous le pourrez dans le système égoïste ? Tout bien dans ce système étant individuel, vous ne pourrez ériger en loi qu'un bien individuel, et les biens individuels étant opposés et cependant également légitimes, vous ne pourrez faire exécuter cette loi sans fouler aux pieds les autres biens individuels, qui sont cependant tout aussi légitimes ; c'est-à-dire que la seule issue à

l'anarchie, dans le système égoïste, c'est la domination
par la force d'un intérêt particulier sur tous les autres
intérêts de la société. Or, cette domination, qu'est-ce
autre chose que le despotisme? Et ici, comme tout-à-
l'heure, l'expérience confirme les résultats du raisonnement. Car, quelle autre origine assigne-t-elle au despotisme, quelle autre nature lui reconnaît-elle, que
l'origine et la nature que nous venons d'indiquer, c'est-
à-dire l'intérêt d'un ou de plusieurs hommes, foulant
aux pieds, à l'aide de la force, celui de tous les
autres? Ainsi, au jugement universel du sens commun, c'est l'égoïsme qui engendre en ce monde l'anarchie et le despotisme. Que serait-ce donc si le monde
était exclusivement gouverné par l'égoïsme?

Je sais, et je l'ai dit en m'occupant de la doctrine
de Hobbes, qu'il y a, même dans la recherche du bien
individuel, des élémens de sociabilité assez considérables pour qu'il ne soit pas vrai de dire avec ce philosophe, qu'elle engendre nécessairement l'état de
guerre. Mais, s'il n'en est pas ainsi, remarquez,
Messieurs, que c'est à la condition que l'homme
soit fait comme il l'est, et non pas comme suppose
qu'il l'est le système égoïste. Car, d'où vient
surtout que, dans son intérêt bien entendu, un
homme qui ne rechercherait que son plus grand
bonheur, devrait être équitable et bon envers ses
semblables, et suivre dans sa conduite tous les principes de la sociabilité et même de la charité? C'est que,
dans l'homme, tel qu'il est fait, il y a d'autres principes que celui de l'égoïsme ; c'est que l'homme, tel

qu'il est fait, conçoit l'ordre, et parce qu'il le conçoit, l'aime, et parce qu'il le conçoit et l'aime; trouve une jouissance intime à sentir son âme et sa conduite en harmonie avec ses lois, un insupportable supplice dans le sentiment contraire; c'est que tous les penchans sociables et bienveillans étant éminemment en harmonie avec l'ordre, reçoivent de la vue de cet accord une force et une douceur qu'ils n'auraient pas autrement, et qui donne à leur satisfaction, sur celle des penchans égoïstes, dans la recherche du bonheur, une supériorit d'importance qu'elle n'a point par elle-même. En laissant les hommes tels qu'ils sont, la recherche bien entendue du bonheur, loin de les mettre nécessairement aux prises, suffirait donc à les rallier et à les associer; et c'est pourquoi j'ai dit à Hobbes qu'il ne pouvait arriver légitimement à l'état de guerre qu'en mutilant le plaisir. Mais, prenez l'homme tel qu'il serait si le système égoïste était vrai, admettez que rien n'ait action sur lui que le plaisir et la douleur, alors, avec l'autorité naturelle de l'ordre, disparaissent tout à la fois de sa nature et les plaisirs et les peines qu'elle y introduit, et toute la puissance qu'elle communique aux penchans bienveillans de la sensibilité; dès-lors l'équilibre sensible est rompu, les penchans purement égoïstes l'emportent nécessairement sur les tendances bienveillantes, la recherche bien entendue du bonheur ne donne plus les mêmes résultats, car les élémens en sont changés, et Hobbes a raison, l'anarchie ou l'état de guerre est l'état naturel. On voit donc que si Hobbes a été infidèle à la

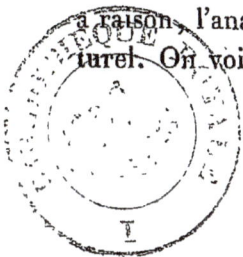

5.

réalité de la nature humaine en proclamant l'alternative de l'anarchie et du despotisme comme le résultat
naturel de la recherche du bonheur individuel, il
ne l'a pas été à la logique en nous la montrant comme
la conséquence rigoureuse du principe de l'égoïsme.
Hobbes qui se donnait la peine de raisonner et de
voir où menaient ses principes, Hobbes qui n'avait
pas le superbe dédain de Bentham pour la discussion, a
donc parfaitement vu où tend le principe de l'utilité et l'alternative étroite dans laquelle il met l'humanité; mais Bentham l'a si peu aperçu, que ce reproche, que le principe de l'utilité mérite seul, il ne
songe pas à le lui faire, et qu'il l'adresse naïvement
aux systèmes qui proclament le motif impersonnel,
et qui, par cela même, ne le méritent pas.

Et, en effet, Messieurs, considérez un peu comment
s'apprécient les actions par le principe moral, et voyez
si ce mode d'appréciation n'est pas précisément ce qui
sauve la société humaine de l'alternative terrible dont
il plaît à Bentham de l'accuser. Bentham trouve ce
mode d'appréciation très-obscur : rien pourtant n'est
plus clair.

Soit d'un côté une mère, et de l'autre un enfant ;
y a-t-il quelqu'un au monde qui puisse dire que ces
deux êtres sont étrangers l'un à l'autre, et qu'anté-
rieurement et indépendamment de tout jugement humain, il n'existe pas entre eux certaines relations que
notre intelligence n'invente pas, mais trouve, et qu'il
ne dépend point d'elle de modifier? Non, personne
au monde ne peut nier ces relations. Par cela que

l'une de ces créatures est la mère et l'autre l'enfant,
un rapport les unit, rapport spécial, *sui generis*,
et qui est distinct de tous les autres rapports qui peuvent exister entre deux êtres humains. Et maintenant
à cette question j'en fais succéder une autre, et je
demande, si, des relations spéciales qui unissent ces
deux êtres, il ne résulte pas des conséquences, spéciales aussi, sur ce qu'il est convenable que l'un fasse
à l'égard de l'autre; en d'autres termes, si, par cela
seul que l'un est la mère, il ne convient pas, il n'est
pas bon en soi aux yeux de toute raison, qu'elle soigne
son enfant, qu'elle satisfasse à ses besoins, qu'elle
protége sa faiblesse, qu'elle supplée à l'imbécillité de
son intelligence, qu'elle ne l'abandonne sous aucun
prétexte; et, d'un autre côté, si par cela seul que
l'autre est l'enfant, il n'est pas également convenable
et bon en soi, que, dès qu'il sera en état de le comprendre, il se conduise avec reconnaissance et respect envers sa mère, qu'il la serve et la protége à son
tour, et ne l'abandonne sous aucun prétexte dans sa
vieillesse; je demande s'il peut y avoir l'ombre d'un
doute sur ce point, et s'il y a une raison humaine
qui hésite d'approuver la double conduite que je viens
de tracer et de désapprouver la conduite contraire,
et non-seulement d'approuver l'une et de désapprouver l'autre, mais encore d'imposer l'un comme un
devoir, et d'imputer l'autre comme un crime? Ainsi,
de la nature du rapport qui unit l'enfant à la mère
et la mère à l'enfant, dérive la conception nette de ce
qu'il est convenable que l'un fasse à l'égard de l'autre;

et de ce rapport seul, car, remarquez que cette conception ne tient compte d'aucune autre considération et en demeure indépendante. Que l'enfant soit
dans sa jeunesse plus ou moins désagréable, la mère,
dans sa vieillesse, plus ou moins incommode et difficile à vivre, la conduite à tenir ne varie pas. Que
la mère aime le plaisir et le repos, qu'il lui en coûte
beaucoup de soigner son enfant, que l'enfant à son
tour ait toutes les raisons d'intérêt imaginables pour
désirer n'avoir pas à protéger et à nourrir la vieillesse
de sa mère, peu importe, le rapport subsiste le
même, et avec lui le jugement de ce qu'il est convenable de faire; et les deux êtres intéressés à la chose,
le jugent comme moi qui ne le suis pas; et c'est précisément parce que cette appréciation est fondée sur
l'ordre éternel des choses et non point sur ce qui
est utile à tel ou tel être; que les actions qu'elle déclare bonnes sont bonnes en soi et absolument; et
c'est parce qu'elles sont bonnes d'une bonté absolue
et non pas seulement pour vous et pour moi, qu'elles
apparaissent comme obligatoires, et qu'elles sont des
devoirs. Que si l'on me demande maintenant d'où je
tire les jugemens que je porte sur la bonté morale des
actions, cet exemple répond à la question. Je les tire
de la nature des choses, de l'ordre éternel que le créateur a établi; et cet ordre il suffit d'être raisonnable
pour le concevoir et pour en déduire les actions convenables à faire par chacun, dans toutes les situations
de la vie. Avec ce principe, je mettrai moralement à la
raison ces deux hommes, qui voudraient chacun agran-

dir leur propriété aux dépens de celle de l'autre ; au nom de ce qui est bon en soi, je porterai sur leurs prétentions rivales une décision qui aura l'approba-. tion de tout être doué de raison, et à laquelle ils ne pourront refuser la leur. Ils trouveront sans doute cette décision contraire à leur intérêt, et ils auront raison, parce que l'intérêt est personnel et qu'il y a loin de ce qui lui est bon à ce qui est bon en soi ; peut-être même la braveront-ils, et préféreront-ils ce qui leur convient à ce qui est convenable; mais tout en la bravant ils en reconnaîtront, ils en respecteront la vérité absolue, et leur raison confessera qu'elle exprime véritablement ce qui est bien et ce qui devrait être fait. -

Et d'où vient, Messieurs, aux jugemens qui dérivent de ce principe d'appréciation, ce consentement et ce respect de tous, et de ceux-là même dont ils blessent les intérêts? D'une circonstance, Messieurs, c'est que ce principe est impersonnel ; c'est qu'il juge les actions non dans leur rapport avec ce qui convient à vous ou à moi, mais avec ce qui est convenable en soi et dans la nature des choses. Or, cette nature des choses étant stable et perceptible à tout être raisonnable, les actions appréciées dans leur rapport avec ce type doivent l'être de la même manière par tous, et cette manière de les juger étant jugée bonne par tous, et la conduite conforme à ces jugemens obligatoire pour tous, les règles qui en émanent peuvent être imposées comme des devoirs; tandis que si vous livrez cette appréciation des actions à l'intérêt personnel, il y a autant d'appréciations que d'individus, et chaque individu n'approuve que la

sienne et trouve détestable toutes les autres. L'appréciation par la règle de l'intérêt est donc anarchique et
ne peut être imposée sans despotisme. Si donc l'humanité échappe à l'alternative de l'anarchie et du despotisme, elle en est redevable à l'existence de ce mode d'appréciation, qui, se fondant sur une chose permanente et
que tout le monde voit, conduit tous les êtres raison-
nables à des jugemens uniformes, et qui étant jugée
bonne en soi par tous, est acceptée et respectée comme
telle par ceux-là même dont elle blesse l'intérêt et qui
la violent. Que ce soit un berger ou un roi qui énonce
cette maxime, qu'on ne doit pas voler, elle garde la
même autorité ; qu'elle soit adressée au voleur ou au
volé, l'un et l'autre en reconnaissent également la justice. Tous les hommes sont donc ralliés moralement
par ce principe, et s'y reconnaissent légitimement
soumis.

Je repousse donc complètement, Messieurs, l'in-
culpation de despotisme et d'anarchie dirigée contre
le principe de l'antipathie et de la sympathie par Bentham, et je la renvoie avec tout droit au principe de
l'intérêt.

Maintenant, Bentham demande si ce principe n'est
qu'un instinct aveugle, ou s'il se résout dans une règle
qu'on puisse formuler et d'où l'on puisse rationnellement déduire la qualification des actions? Les développemens dans lesquels je viens d'entrer répondent
nettement à cette question ; sans aucun doute les lois
de l'ordre sont une chose perceptible à la raison, et
quand on agit en vue de ces lois, ce n'est pas instinc-

tivement, mais avec intelligence qu'on agit. Je remar-
que seulement qu'il en est de ces lois comme de tout
ce qui est du domaine de l'intelligence, les différens
esprits les aperçoivent plus ou moins distinctement,
et, par conséquent, s'en forment des idées plus ou
moins nettes. Les hommes positifs qui ne saisissent
aucune nuance, n'admettent pas qu'il en existe, et n'admettant pas qu'il en existe, ne s'en inquiètent en aucune
chose. Aussi, que la nature humaine soit pleine de
nuances, et que ce soient précisément ces nuances qui
distinguent un individu d'un autre, peu leur importe :
ce sont là des faits qui leur échappent, et leur philosophie n'en tient aucun compte. Et, toutefois, ces
nuances existent; et sinon pour eux, du moins pour
ceux qui, comme vous, Messieurs, sont en état de
le comprendre, je suis obligé de faire remarquer ici
que l'intelligence et par suite la conscience humaine
ne se développent pas chez tous les hommes au même
degré, et qu'il y a, à cet égard, entr'eux des différences
infinies. Il en est chez qui la perception de l'ordre est
si obscure qu'elle ressemble moins à une vue qu'à un
sentiment, et que les appréciations et les déterminations
qui en résultent paraissent plutôt les effets d'un instinct que la conséquence d'un jugement. C'est ce qui
a conduit certains philosophes à considérer la conscience humaine comme un sens, qui apprécie la bonté
ou la méchanceté morale des actions, comme le goût
et l'odorat apprécient la qualité des odeurs et des saveurs. Rien, en effet, ne ressemble davantage aux jugemens qui émanent du sentiment, que ceux qui résul-

tent d'une vue confuse de l'intelligence, et c'est à cet
état que la vue des lois de l'ordre se trouve chez tous les
hommes dont l'entendement n'est pas développé,
c'est-à-dire chez le plus grand nombre. Les idées morales subissent en cela la loi commune de toutes les
idées, car toutes commencent à exister en nous à cet
état confus, et la plupart y restent; c'est même à cet état
qu'elles ont le plus de pouvoir, car c'est alors qu'elles
sont poétiques; un poète n'a et ne présente les idées
qu'à l'état confus; s'il les traduisait à l'état clair, il deviendrait philosophe, et cesserait d'être un poète : je
l'ai mille fois répété. Mais cette vue confuse des lois
de l'ordre peut s'éclaircir et s'éclaircit en effet à
des degrés infinis chez les individus qui reçoivent
de l'éducation ou des événemens une culture plus
ou moins forte. Elle peut enfin se transformer
chez quelques-uns en une conception parfaitement
nette. Ainsi, entre l'état de lucidité dans lequel se
trouve la conscience du plus grand nombre des hommes, et celui dans lequel se trouvait celle de Kant lorsqu'il écrivait son livre sur les principes du droit et les
règles de la morale, il y a une foule innombrable de
nuances. On rencontre des hommes chez lesquels la
vue de certaines parties de l'ordre est parfaitement
précise, tandis que celles de toutes les autres est de-
meurée confuse, et cela parce que les circonstances
particulières de leur vie les ont conduits à réfléchir
sur certains points de la loi morale, tandis qu'ils n'ont
jamais eu l'occasion de songer sérieusement aux autres. Chez ces hommes l'appréciation morale de cer-

taines actions est donc parfaitement raisonnée, tandis qu'ils ne jugent des autres que par sentiment comme le reste des hommes. Ce fait suffit pour indiquer comment la vue de la loi morale peut se débrouiller inégalement dans les diverses intelligences, et s'éclaircir entièrement dans un petit nombre. Mais personne au monde n'en est privé, car elle existe chez ceux-là même en qui l'idée de l'ordre est le plus confuse. C'est à une bonne éducation à développer la raison dans ce sens, c'est-à-dire, à dépouiller pour elle les idées morales des nuages qui les enveloppent primitivement, et dont l'expérience de la vie ne suffit que bien rarement à les débarrasser, si la réflexion, rendue de bonne heure attentive à ses enseignemens, n'est préparée à les recevoir.

Je réponds donc à Bentham, Messieurs, que le principe moral n'est pas un instinct, mais un ensemble de vérités perceptible à l'intelligence et dont tout homme a une vue plus ou moins claire ; mais qu'alors même que cette vue reste confuse, elle n'en agit pas moins comme l'atteste l'expérience universelle, et suffit, comme elle l'atteste encore, pour rendre responsables ceux qui l'ont. Seulement cette responsabilité en est affaiblie. Elle pèse plus entière sur ceux qui ont une vue plus claire de la règle.

Bentham demande encore, que si l'on s'obstine à admettre deux principes, on veuille bien faire la part de chacun, et dire pourquoi l'autorité de l'un ne va que jusque là, et pourquoi plus loin commence celle de l'autre ? il exige, en un mot, qu'on assigne les

limites des deux autorités et qu'on rende raison de la
manière dont on l'assigne.

Rien n'est plus simple que de répondre à cette
difficulté; elle se résout d'elle-même. Lequel vaut-il
mieux faire, ou ce qui convient, ou ce qui me convient? voilà la question, et je vous le demande, si
je vous la posais cette question, Messieurs, seriez-
vous embarrassés pour répondre? Ne me diriez-vous
pas tous, sans hésiter, qu'il vaut mieux faire ce qui
convient, que ce qui me convient à moi? Cette
réponse résout la question proposée par Bentham.
Sans aucun doute, le bien ou la convenance absolue
est une règle d'appréciation supérieure au bien re-
latif, ou à la convenance d'un individu. Toutes les
fois donc qu'un conflit s'élève entre le bien personnel et le bien, le premier doit être sacrifié :
ainsi le décide la raison humaine; et elle le décide
ainsi, parce qu'elle sent que de ces deux biens,
l'un l'étant absolument, est par lui-même obligatoire et sacré, tandis que l'autre ne possède aucu-
nement par lui-même ce caractère, et ne peut le
tenir, quand il l'a, que de sa conformité avec ce qui
est absolument bon et convenable en soi. Le départ
impérieusement exigé par Bentham est donc très-fa-
cile à faire, ou plutôt il n'y a pas de partage : le principe légitime est un, c'est le bien en soi; le principe du
bien personnel agit en fait, mais il n'est ni légitime ni
illégitime en droit; seulement les choses qu'il prescrit
se trouvent tour à tour marquées de l'un ou de l'autre
de ces caractères, selon qu'elles sont ou ne sont pas con-

formes à la règle du bien absolu. Voilà la pure vérité, la vérité comme elle est. Et je répète ici ce que je
vous ai déjà dit plusieurs fois, je ne fais point la guerre
au mobile de l'intérêt personnel, je ne lui en veux pas;
par cela qu'il a été mis en nous, il est bon. Mais
les tendances instinctives de notre nature sont bonnes
aussi, ce qui n'empêche pas que l'intérêt personnel,
qui en est la traduction intelligente et raisonnée,
ne soit un meilleur principe de conduite. Pourquoi donc la vue du bien absolu n'aurait-elle pas sur
l'intérêt personnel la même supériorité, et qui peut
nier, en fait, qu'elle ne la possède ? L'instinct, l'é-
goïsme et la moralité sont les trois états par lesquels
la personne humaine s'élève de la condition de la
bête à celle de l'ange; en retrancher un, c'est méconnaître ou de quelle bassesse elle part, ou à quelle
hauteur elle peut arriver; c'est mutiler, par une ex-
trémité ou par une autre, le fait de son développement.
En effet, ces trois états ne sont que les trois phases
d'un développement qui est un. De même que l'intérêt n'est que l'instinct compris, peut-être peut-on
dire, d'un point de vue élevé, que la moralité n'est
à son tour que l'égoisme compris; car si notre nature n'est jamais plus heureuse que dans le sentiment de sa coordination et de sa participation à l'ordre
universel, n'est-ce pas un indice certain, qu'élément
du tout, sa véritable vocation et le but secret et
suprême auquel aspirent ses tendances sans le savoir et son égoïsme sans le comprendre, c'est de s'u-
nir au tout sans s'y perdre, c'est-à-dire de concourir

avec intelligence pour sa part et dans sa mesure à
la fin du tout? Quoi qu'il en soit, le départ exigé par
Bentham est facile à faire ; s'il y a conflit, on sait ce
qui doit légitimement l'emporter ; et pour une vue
élevée il y a rarement conflit, et, dans la vérité des
des choses, jamais.

Bentham demande encore qu'on examine, si le principe qu'on s'imagine exister en nous à côté du principe
de l'utilité, a réellement quelque prise sur la nature
humaine, et peut exercer une réelle influence sur
ses déterminations ? ceci, Messieurs, est une affaire
d'observation. La vue qu'une action est conforme ou
contraire à l'ordre, bonne ou mauvaise en soi, exerce-
t-elle ou n'exerce-t-elle pas, sur celui qui l'a, une influence; voilà toute la question, et c'est à l'expérience
à la résoudre. Il est certain que, pour un homme continuellement préoccupé de ses intérêts, et déterminé
par les habitudes de son éducation ou de sa profession à
considérer toutes ses actions dans leur rapport avec ce
but, cette influence du motif moral sera moins visible,
et que plusieurs même pourront être tentés de la nier :
chez eux, en effet, le motif égoïste domine et éclipse,
l'action du motif moral. Mais indépendamment des
hommes chez lesquels, au contraire, c'est le motif moral qui gouverne habituellement, je dis qu'en ceux-là
même qui sont le plus habituellement déterminés par le
motif intéressé, le motif moral existe, et, dans beaucoup
de cas, tempère et quelquefois même surmonte entièrement l'action de l'égoïsme. Il faudrait, en effet, avoir observé bien superficiellement les hommes et les connaître

bien mal, pour ignorer combien les vies mêmes qui
semblent le plus exclusivement dévouées aux pour-
suites de l'intérêt renferment de concessions partielles,
de sacrifices secrets à la considération de ce qui est
bien. Si l'on avait l'histoire intérieure d'un individu
pris au hasard dans cette classe d'industriels et de négo-
cians dont on dit tant de mal, on serait confondu des
actes de probité et des déterminations généreuses et gé-
néreusement prises qu'elle contient; et je dis *généreu-
sement prises* à dessein; car je ne confonds pas avec les
actes désintéressés ceux qui n'en ont que l'apparence,
et qui ne sont que des sacrifices calculés à l'opinion publique et à l'intérêt de sa réputation. Et d'où viendrait
cette opinion publique elle-même et la nécessité de
la respecter, si l'égoïsme régnait seul au fond de la
nature humaine? Mais ceux-là ne la connaissent pas et
ne l'ont jamais étudiée avec quelque profondeur, qui
peuvent admettre qu'il y ait un seul homme au monde,
dans les cours, les boutiques ou les bagnes, sur qui l'idée
de l'ordre, la considération de ce qui est juste et bon,
n'ait jamais et dans aucun cas, exercé quelque influence. Cela n'est pas, parce que cela ne peut pas être;
et cela ne peut pas être, parce que la nature humaine
est uniforme, que tous ses élémens se retrouvent dans
tout individu, et que quelqu'atrophiés que quelques-
uns puissent y être, il n'en est aucun néanmoins qui
ne conserve toujours quelqu'action dans la vie psycologique.

Que si on veut pousser plus avant encore, et qu'on
demande à quel titre la vue qu'une action est conforme

ou contraire à l'ordre peut agir sur notre nature, je demanderai à mon tour à quel titre peut agir sur elle la vue qu'une action aura des suites avantageuses ? Toute réponse à cette dernière question, de quelque phraséologie qu'on l'enveloppe, se résoudra toujours en celleci, c'est que la nature humaine est ainsi faite. C'est, en effet, parce que j'aime le plaisir que je suis porté à faire ce qui doit m'en donner, et si j'aime le plaisir, c'est que je suis ainsi fait ; c'est, de même, parce que naturellement je respecte l'ordre, que je suis porté à faire ce qui lui est conforme, et si je respecte l'ordre, c'est que je suis ainsi fait. Il y a entre ma raison et l'ordre la même affinité qu'entre ma sensibilité et le plaisir, et ces deux affinités sont l'une et l'autre et l'une comme l'autre, deux faits qu'on peut commenter mais dont on ne peut rendre raison, parce qu'ils sont des faits derniers qui ne se résolvent point dans des faits supérieurs. Ainsi, le titre de l'ordre pour agir sur ma raison, est aussi inexplicable que celui du plaisir pour agir sur ma sensibilité. Que si l'on prétend maintenant que la sensibilité peut bien agir sur la volonté, mais non pas la raison, comme l'ont dit une foule de philosophes, je réponds que cela est faux en fait, et que si cela était vrai, l'égoïsme qui est un calcul de la raison, n'agirait donc pas sur la volonté, pas plus que le motif moral ; or, l'égoïsme agit si bien sur la volonté, qu'il triomphe habituellement de la passion présente qui est une pure impulsion de la sensibilité. Enfin, si on objecte que l'égoïsme a pour appui sur la volonté le désir général du bonheur qui est un fait sensible, je répondrai que la vue de l'ordre a également pour appui sur la volonté l'amour de l'ordre et du beau qui est également un fait sensible. De quelque manière qu'on s'y prenne, il est donc impossible d'ébranler, par aucun raisonnement qui ait l'apparence du sens commun, cette vérité qui d'ailleurs est un fait, que le motif moral, la vue de ce qui est bien, a prise sur la volonté. L'objection de Bentham n'a donc aucune force.

Enfin, Bentham dit que l'intérêt étant un motif extérieur peut être érigé en loi, tandis que tout autre motif étant nécessairement intérieur ne saurait revêtir ce caractère. La profonde ignorance psychologique de Bentham éclate ici dans tout son jour, car c'est le contraire de ce qu'il avance qui est la vérité. En effet l'intérêt est un motif personnel, l'ordre un motif impersonnel ; or, de deux motifs, l'un personnel, l'autre impersonnel, lequel mérite d'être appelé intérieur, lequel extérieur ; lequel est de nature à porter le caractère de la loi, lequel ne l'est pas ? A quoi cédé-je, quand je cède à mon intérêt ? à moi ; à quoi, quand j'obéis à l'ordre ? à quelque chose qui n'est pas moi et qui m'est supérieur, et qui l'est au même titre et de la même manière à tous les individus de l'espèce. Cela posé, de quel côté, je le demande, se trouvent et le caractère d'extériorité et tous ceux qui constituent la loi ? En vérité Bentham joue de malheur ; ses objections révéleraient, s'il en était besoin, les vices de son système, car elles ne s'appliquent qu'à lui ; quant au système moral, elles ne le regardent pas, parce qu'elles ne l'atteignent pas.

J'arrive, Messieurs, à la dernière que j'ai signalée. Bentham prétend qu'en admettant le principe moral on serait obligé, en législation, de proportionner la peine à la désapprobation dont les actions sont frappées, ce qui n'est jamais tombé dans l'esprit d'aucun législateur. A quoi je réponds que la conséquence ne découle pas du tout du principe. De ce que je désapprouve à un plus haut degré telle action que telle autre, de ce que je la juge, si je puis parler ainsi, contraire à l'ordre d'une plus grande quantité, que s'en suit-il? une seule chose, Messieurs, c'est qu'en supposant la même intentionalité dans les agens, l'auteur de la première est plus coupable, et, par conséquent, plus digne de punition que celui de la seconde. Mais de ce que l'un est digne d'une plus grande punition, l'autre d'une moindre, il n'en résulte nullement que la société doive infliger ces punitions, car ce n'est pas du tout la mission de la société de punir les actes coupables et de récompenser les actes vertueux; cela regarde Dieu et la conscience; et en attendant Dieu, la conscience exerce fort bien cette justice distributive, car c'est en nous et par nous que nos actions sont véritablement punies et véritablement récompensées; à côté des joies et des tourmens de la conscience, les punitions et les récompenses extérieures sont bien peu de chose. Ce n'est point du tout exercer pour cette justice distributive que, dans certains cas, bien peu nombreux comparativement, la société punit; c'est d'après un tout autre principe et dans une toute autre vue, le principe de sa conserva-

tion et la vue de son utilité. Et voilà pourquoi elle ne
punit que quelques crimes, ceux qui la menacent,
et laisse à Dieu tous les autres ; et voilà pourquoi
encore elle récompense si rarement. Le principe
de toute législation pénale est donc l'intérêt de la société, et de là vient qu'on n'y trouve et qu'on ne
doit y trouver, ni la punition de toutes les viola-
tions de l'ordre moral, ni une punition exactement
proportionnée à la valeur morale de celles de ces viola-
tions qu'elle atteint. Et, toutefois, le principe moral
n'est pas entièrement étranger à la rédaction des Codes
pénaux, quoiqu'il n'en soit pas le principe ; ainsi que
je l'ai déjà dit, l'utilité seule ne suffirait à l'explication
d'aucune législation pénale un peu raisonnable. La
société, en effet, avant d'appliquer à un acte une peine
proportionnée à l'intérêt qu'elle a d'en empêcher la
récidive, se fait une question qu'on ne saurait se faire
dans le système de Bentham ; elle se demande si elle
a le droit moral de punir; si, en le frappant dans
son intérêt, elle ne fera pas une injustice ; en
d'autres termes, elle examine si l'individu est réellement coupable, et s'il l'est au point qu'il ne soit
pas moralement inique de lui appliquer telle punition? Ce n'est que lorsque la société est rassurée sur
ce problème de justice et d'équité, qu'elle ose obéir à
son intérêt et frapper ; elle ne veut rien faire que la
justice distributive n'autorise, mais ce n'est pas dans la
vue de l'exercer, mais dans celle de pourvoir à sa
propre conservation qu'elle intervient et agit. Ainsi,
les deux principes, celui de la morale et celui de l'u-

6.

tilité, concourent dans la législation pénale, mais très-inégalement; car le premier ne paraît que pour restreindre ce que l'autre fonde à lui seul. Encore une fois, voilà ce qu'il faut savoir pour s'expliquer les lois pénales; autrement on n'y comprend rien. Que Bentham nous explique par le seul principe de l'utilité, pourquoi, lorsqu'un homme, qui a commis l'action la plus nuisible à la société, est jugé l'avoir faite sans connaissance de cause, le Code pénal ne le frappe pas; jamais il n'y réussira que par des sophismes; car la raison c'est que l'agent est innocent, et le mot même d'innocence n'a point de sens dans le système de l'utilité. Je pourrais choisir des exemples bien plus frappans encore. Résumons-nous donc et disons : Sans aucun doute le principe moral n'engendre pas la législation pénale, et, par conséquent, ne peut pas l'expliquer; mais de ce qu'il n'engendre pas la législation pénale, s'ensuit-il qu'il n'existe et n'agisse pas en nous? en aucune manière; il s'ensuit seulement que la législation pénale émane d'un autre principe que je ne nie pas, et qui est l'utilité; et quoique elle n'émane pas du principe moral, toute législation pénale cependant démontre l'existence en nous de ce principe, car il n'en est pas une dans laquelle il n'intervienne. Ainsi, cette fois encore, l'objection de Bentham est si maladroite qu'elle établit ce qu'elle avait pour objet de détruire.

Voilà ce que j'avais à dire, Messieurs, sur les faibles argumens opposés par Bentham à l'existence en nous d'un principe distinct de l'utilité : vous trouverez peut-

être qu'ils ne méritaient pas une aussi longue réponse, et, certes, elle aurait été beaucoup plus courte
si j'avais eu affaire à un système moins célèbre, et,
à quelques égards, moins digne de l'être.

Quinzième Leçon.

SYSTÈME ÉGOISTE. — RÉSUMÉ.

MESSIEURS,

Pour vous faire connaître la solution égoïste du problème moral, j'ai choisi parmi les systèmes de la philosophie moderne qui l'ont adoptée et proclamée, les deux plus célèbres, celui de Hobbes et celui de Bentham, et je vous les ai exposés. Comme ces deux systèmes et les observations qu'ils m'ont suggérées suffisent, et au-delà, pour vous donner une vue nette et de la nature et du vice de cette solution, je m'en tiendrai à ces deux exemples et n'en produirai pas d'autre. Et, toutefois, Messieurs, vous n'avez guère vu dans Bentham et dans Hobbes qu'une forme du système égoïste, et il en a revêtu d'autres, sous lesquelles vous auriez peut-être quelque peine à le reconnaître ; j'éprouve donc un certain regret d'être obligé, par le plan de ce cours, qui est encore plus

dogmatique qu'historique, de borner là mes exposi-
tions. C'est pour adoucir ce regret et combler autant
que possible cette lacune, que j'ai résolu de con-
sacrer encore à l'égoïsme là leçon d'aujourd'hui. Elle
aura un double objet, Messieurs; le premier, de déterminer d'une manière précise le caractère constitutif de toute doctrine égoïste; le second, de rechercher et de fixer toutes les formes distinctes qu'il est
donné à cette doctrine de revêtir. Quoique le sujet
soit vaste, je tâcherai, par la précision des développemens, de le renfermer dans les bornes d'une courte
leçon.

Tout système égoïste a cela de propre, Messieurs,
que sur trois modes de détermination que l'observation constate en nous, il en méconnaît, il en supprime deux. Ces deux modes de détermination qu'il
retranche dans l'homme, sont le mode passionné et
le mode moral. Si une doctrine morale reconnaissait
que, dans certains cas, nous recherchons la vérité,
nous poursuivons le pouvoir, nous aidons nos semblables par simple amour de la vérité, du pouvoir et
de nos semblables, sans aucun retour sur nous-mêmes,
sans aucune vue du rapport qu'il y a entre ces trois
actes et notre propre bien, par cela seul cette doctrine ne serait pas égoïste, car elle nierait que la recherche de notre bien fut le mobile universel de nos
déterminations. Si une autre doctrine avouait que,
dans certaines circonstances, la vue de ce qui est bon
en soi agit sur nous immédiatement, et nous détermine à faire telle ou telle chose, abstraction faite de

ce qui nous est bon, et même aux dépens de ce qui nous
est bon, par cela seul encore cette autre doctrine ne
serait pas égoïste, car elle nierait également, quoique
d'une autre manière, la maxime fondamentale de
l'égoïsme. Le caractère psychologique de l'égoïsme est
donc de nier le mode passionné et le mode moral de
détermination; il n'existe qu'à la condition d'avoir
fait subir à la nature humaine cette double mutilation.

Ces deux modes de nos déterminations retranchés,
l'observation de la nature humaine n'en fournit plus
qu'un, celui que j'ai appelé le mode égoïste. Or,
comme il n'est pas donné à la philosophie d'inventer ce
qui n'est pas, tout philosophe qui a méconnu les deux
autres, est, par cela même, condamné à ériger celui-
là en mode universel et unique des déterminations
humaines, car il n'en existe pas un quatrième. Mais
en vue de quoi nous déterminons-nous, quand notre
détermination est égoïste? en vue de notre bien personnel; la recherche de notre bien personnel, reconnue et proclamée comme mobile unique et seule fin
des actions humaines, tel est donc le caractère dogmatique de tout système égoïste.

Mais ce mot bien personnel représente dans la nature humaine un fait complexe et composé d'élémens
divers. On conçoit donc la possibilité que, parmi les
philosophes qui ont reconnu le bien personnel comme
la seule fin et le seul mobile de nos actions, quelques-
uns aient vu et quelques autres n'aient pas vu tous ces
élémens, et que les élémens saisis par ces derniers

n'aient pas été toujours les mêmes. On conçoit donc
que le même système n'ait pas eu la même valeur
dans l'esprit de tous ceux qui l'ont adopté, et que des
analyses plus ou moins inexactes et diversement
inexactes du fait fondamental, aient donné à la doctrine égoïste des formes différentes. Ce sont ces formes
dont le nombre et la nature doivent être fixés, et c'est
là, Messieurs, ce que je vais essayer de faire.

La méthode pour y parvenir est simple et sûre ; la
philosophie peut omettre, mais non créer ; elle peut
ne pas tout voir, mais non inventer ; si donc les phi-
losophies égoïstes ont été diverses, c'est uniquement
qu'elles ont plus ou moins trouvé dans le fait commun que toutes érigent en mode unique des déterminations humaines. Pour découvrir toutes les
diversités dont le système égoïste est susceptible, il
suffit donc d'examiner de combien de manières différentes ce fait a pu être mutilé, et pour cela il faut en
démêler tous les élémens. Reprenons donc, Messieurs,
l'analyse de ce fait ; comptons-en les élémens ; par ce
chemin nous arriverons infailliblement au but.

Notre nature, Messieurs, je vous l'ai dit, est orga-
nisée pour certaines fins ; elle exprime qu'elle est
faite pour ces fins, par diverses tendances qui instinctivement y aspirent. D'abord, elle ne se comprend pas
et ne voit que ces fins vers lesquelles elle se sent en-
traînée ; mais dès que la raison est venue, la vérité
se découvre ; la raison comprend que ces fins ne sont
pas notre bien, mais les moyens de le produire, et
que notre bien est dans la satisfaction des tendances

de notre nature, notre plus grand bien dans la plus
grande satisfaction de ces tendances. Ainsi, pour
prendre un exemple grossier, l'appétit de la faim
nous pousse instinctivement vers certains alimens, et
d'abord nous prenons ces alimens pour la fin dernière
de cet appétit; mais quand nous sommes raisonna-
bles, nous comprenons que la fin dernière à laquelle cet appétit aspire c'est d'être rassasié, et que
les alimens ne sont que les moyens de produire ce résultat. Nous plaçons donc notre bien, sous ce rapport, dans la satisfaction de l'appétit, et nous cessons
de le mettre dans les objets propres à le satisfaire. Ce
qui nous apparaît pour la faim, nous apparaît pour
toutes les autres tendances de notre nature, et c'est
ainsi que nous nous élevons à cette idée, que notre
bien est la satisfaction de notre nature, notre plus
grand bien la plus grande satisfaction de ses tendances.

Mais notre nature étant sensible, aucune de ses
tendances ne peut être satisfaite, sans qu'il en résulte
pour elle une sensation agréable. Cette sensation
agréable est parfaitement distincte de la satisfaction
elle-même. Ainsi quand j'ai faim et que je mange,
j'éprouve une sensation agréable; mais pourquoi?
parce que mon appétit est satisfait; ainsi le plaisir est
l'effet de la satisfaction de l'appétit, mais n'est pas cette
satisfaction; si on supprimait le plaisir, la satisfaction
de l'appétit n'en existerait pas moins, le bien de notre
nature n'en serait pas moins produit. Le plaisir est
donc l'effet sensible du bien, mais n'est pas le bien;

les deux idées sont distinctes, comme le sont les deux phénomènes.

Malheureusement les deux phénomènes sont inséparables, ce qui fait que les deux idées le deviennent; malheureusement encore des deux faits, l'un est très-apparent, parce qu'il est sensible, savoir le plaisir, l'autre l'est moins, parce qu'il est enveloppé dans le fait sensible, savoir le bien; l'esprit humain confond donc aisément ces deux faits en un seul, et, dans cette confusion, c'est le moins apparent qui est absorbé dans le plus visible; de là la confusion possible des deux idées du bonheur et du bien, et l'identification de ces deux idées en une seule, celle du bonheur.

Je viens de vous donner le secret, Messieurs, de quelques-unes des mutilations que l'idée du bien personnel peut subir, et de quelques-unes des diversités que les systèmes égoïstes peuvent présenter. Notre analyse a mis en lumière trois faits distincts : 1° la satisfaction de notre nature qui est le bien; 2° le plaisir qui accompagne cette satisfaction, qui est le bonheur; 3° les objets propres à produire cette satisfaction et le plaisir qui en résulte, qui sont l'utile. Pour être vrai, un système égoïste doit ne méconnaître aucun de ces trois faits, ne changer la nature, ne modifier la fonction, n'altérer l'importance d'aucun. Que de manières possibles de ne point remplir toutes ces conditions, et, par conséquent, de défigurer la doctrine égoïste! Je n'indiquerai que les plus importantes et les plus communes.

La plus fréquente de toutes est de confondre le premier élément, l'élément fondamental, avec le second qui est accessoire, et de définir le bien, *le plaisir.* Cette forme de la doctrine égoïste peut s'appeler la forme sensualiste. C'est l'égoïsme moins son élément constitutif; c'est l'effet du bien personnel pris pour ce bien lui-même; c'est une énorme mais naturelle mutilation du fait fondamental. L'écueil pratique de cette doctrine n'est pas seulement l'amolissement qui résulte de la substitution dans le but de l'élément sensuel à l'élément positif, c'est encore les méprises dans lesquelles cette substitution entraîne, et qui égarent sans cesse l'individu dans la recherche de son bien. Rien n'est moins rare que de voir la recherche du plaisir conduire aux résultats les plus fâcheux pour l'égoïsme, et malgré l'étroite dépendance du plaisir et du bien, il est aisé d'en apercevoir la raison.

Le plaisir est un fait si visible qu'il n'a échappé à aucun philosophe égoïste; mais il en est quelques-uns qui ont eu le bon sens de comprendre qu'il n'était pas le bien, ou, du moins, qu'il n'en était qu'un élément accessoire, et qui ont posé pour but à l'égoïsme le véritable bien, c'est-à-dire la satisfaction des différens besoins et des différentes facultés de notre nature. De là, Messieurs, une forme plus austère et plus vraie de cette doctrine, qu'on pourrait appeler sa forme rationelle ou *positive.* Plus d'une fois l'égoïsme, ainsi compris, s'est élevé jusqu'à formuler le bien de l'individu en ces termes: *Ce qui convient à sa nature,* rédaction qui conduit l'égoïsme sur la frontière de la moralité,

et qui est plus propre qu'aucun autre à le rendre très-
intelligent, et, par conséquent, très-peu dangereux
dans la pratique. Mais, sous toutes les rédactions, cette
forme de l'égoïsme, par cela seul qu'elle est plus vraie,
a produit une théorie plus élevée, et une pratique
plus éclairée et plus pure. Son écueil est d'engendrer
chez les individus peu intelligens toutes les misères de
la prudence poussée à l'excès, et toutes les petitesses
d'un calcul étroit de l'intérêt; la poursuite du plaisir
laisse à ceux-là plus de libéralité dans les idées,
moins de sécheresse et plus d'abandon dans la conduite.

Je ne connais point, Messieurs, de philosophes
égoïstes qui aient commis la méprise de prendre les
moyens du bonheur ou du bien, pour le bonheur ou
le bien lui-même, et qui aient érigé cette méprise en
système; mais elle est très-commune chez le commun
des hommes, et mérite d'être comptée au nombre des
formes de l'égoïsme. C'est l'illusion de cette foule
d'hommes qui prennent leur argent, leurs terres,
leurs maisons, leurs tableaux, pour le but même qu'ils
poursuivaient en les acquérant, et qui, au lieu de se
servir de toutes ces choses, s'occupent seulement de les
conserver. Cette méprise est une véritable folie, et il
serait inutile d'en signaler les conséquences pratiques;
personne ne les ignore.

Telles sont les trois formes principales que l'é-
goïsme peut puiser dans une vue plus ou moins in-
complète, et dans une intelligence plus ou moins infidèle des trois faits que je vous ai signalés. Chacune

de ces trois formes est susceptible elle-même de beaucoup de nuances que j'omets, selon que le fait domi-
nant est diversement compris, et que les autres inter-
viennent plus ou moins dans le système.

Mais, ce n'est pas là la seule source des diversités de
l'égoïsme; il en est une autre non moins féconde que
je vais vous révéler.

Notre bien, Messieurs, se compose de beaucoup de
biens particuliers, et il en est de même de notre plaisir; en effet, la satisfaction de notre nature se résout dans la satisfaction de ses différens besoins, de
ses diverses facultés, de ses nombreuses tendances, et
à chacune de ces satisfactions correspond un plaisir
particulier. Or, Messieurs, dans la détermination des
élémens du bien ou du bonheur, un philosophe peut
se laisser préoccuper par une certaine classe de ces
biens et de ces plaisirs, et méconnaître, ou, tout au
moins, négliger les autres; il peut même aller plus
loin, et non pas seulement méconnaître ou négliger
quelques-uns des élémens du bien et du bonheur, mais
systématiquement les condamner dans l'intérêt de
notre plus grand bien et de notre plus grand bonheur, et ne présenter comme devant être recherchés
que les autres. Vous voyez de suite, Messieurs, à
combien de mutilations différentes du bien ou du bonheur, et, par conséquent, à combien de variétés
différentes et nouvelles de l'égoïsme, cette double possibilité peut conduire; je me bornerai à vous en signaler quelques-unes.

Et d'abord, Messieurs, les tendances de notre nature se divisent en deux grandes classes ; celles qui ne peuvent être satisfaites que par le bien d'autrui et que pour cela on a pris l'habitude d'appeler *sociables* ou *bienveillantes*, et celles dont la satisfaction n'est pas soumise à cette condition, et que, pour cela, on appelle ordinairement *personnelles* ou *égoïstes*; l'amitié, l'amour, et toutes les tendances comprises dans la sympathie sont de la première espèce; la curiosité, le désir du pouvoir et une foule d'autres sont de la seconde. Je n'ai pas besoin de vous faire observer qu'au fond les tendances de la première classe ne sont pas plus désintéressées que celles de la seconde, ni celles de la seconde plus intéressées que celles de la première; ces épithètes n'ont pas de sens, appliquées à des tendances; elles ne conviennent qu'à l'égoïsme et au motif moral; toutes ces tendances aspirent également à être satisfaites ; seulement le bien d'autrui est dans un cas et n'est pas dans l'autre le moyen de cette satisfaction.

Or, Messieurs, ces deux classes de tendances ont donné naissance à une notable variété dans les doctrines égoïstes. Quelques philosophes, en effet, soit pour avoir cru que la satisfaction des tendances bienveillantes était un élément beaucoup plus important de notre bien ou de notre bonheur que celle des autres, soit pour avoir voulu laver l'égoïsme du reproche de personnalité et d'insociabilité qu'on lui fait, ont vu surtout notre bonheur ou notre bien dans la satisfaction de ces tendances, et ont érigé cette préférence en axiôme ; de là toute cette classe de systèmes égoïstes

qui, sous une forme ou sous une autre ; font consister
le bonheur dans le développement et la satisfaction
des penchans bienveillans de notre naure. La tendance pratique de ces systèmes se rapproche beaucoup
de celle des systèmes moraux, ce qui a fait qu'on les
a souvent rangés dans cette dernière classe ; mais c'est
une illusion que la moindre réflexion suffit pour dis-
siper. En effet, le but proposé à l'homme par ces systèmes
est toujours son propre plaisir ou son propre bien ; le
plaisir ou le bien des autres n'est qu'un moyen pour
cette fin ; de plus, le système moral est loin de proposer pour loi à l'homme le bien des autres ; il ne pose
comme but ni le bien des autres ni le bien personnel,
mais ce qui est bien en soi, c'est-à-dire, conforme à
l'ordre et à la nature des choses, but supérieur, qui
n'impose ni n'exclut comme tels, ni le bien personnel,
ni le bien d'autrui, mais qui les embrasse l'un et
l'autre dans la mesure de leur conformité à l'ordre, et
non au-delà. Aussi reste-t-il entre la pratique à laquelle conduit le système moral et celle qu'engendre
cette classe de systèmes égoïstes, des différences no-
tables, et que la philanthropie de nos jours fait en
partie ressortir ; je veux parler surtout d'une certaine
sécheresse dans la bienfaisance, et d'une certaine im-
prudence dans les bienfaits, qui accusent en même
tems l'égoïsme du motif et l'aveuglement de la règle ;
la bienfaisance passionnée échappe, du moins, au
premier de ces défauts ; mais celle-là seule échappe à
tous les deux, qui puise son inspiration et sa règle dans
l'amour de l'ordre.

A cette classe de systèmes égoïstes s'en rattache un
qui mérite une mention particulière ; c'est celui de
ces philosophes qui, ayant observé que de toutes les
sensations agréables celle qui suit l'accomplissement
du devoir est à la fois la plus douce, et celle qu'il est
le plus en notre pouvoir de nous donner et le moins
au pouvoir des autres de nous enlever, ont pensé
que le meilleur moyen d'être heureux était de rechercher, avant tout, cette sensation, et pour l'obtenir de
sacrifier, s'il le fallait toutes les autres. Il est arrivé
plus d'une fois, dans des siècles d'égoisme, qu'un tel
système ait valu à ses auteurs la réputation de res-
taurateurs et de vengeurs de la moralité ; et cependant, Messieurs, vous voyez que, dans ce système,
le plaisir reste la fin et que la vertu n'y est qu'un
moyen, en sorte qu'il est aussi parfaitement égoïste
que celui de Hobbes ou d'Epicure. Mais il est infiniment plus absurde, car la vertu transformée en moyen
de plaisir cesse d'être la vertu et n'en donne plus le
plaisir ; si bien que le système abolit le résultat qu'il
conseille à l'homme de poursuivre. J'en dis autant de
la doctrine qui conseille à l'homme d'être vertueux
pour gagner les récompenses d'une autre vie ; cette
autre forme de l'égoïsme implique le même cercle vicieux, et ne diffère de la précédente que pour être
plus grossièrement intéressée ; les partisans de celle-
là sont les Epicuriens de la vertu, ceux de celle-ci en
ont les Benthamistes.

A ces deux doctrines qui font de la vertu un moyen
de plaisir, il faut en ajouter une troisième ; c'est celle

qui voit surtout dans la vertu ce qu'elle a de dé-
licat, de noble et de beau, dans l'égoïsme ce qu'il a
de vulgaire, de grossier et de laid, et qui préfère l'une
à l'autre par un motif asthétique. Cette doctrine peut
appartenir également ou à la classe de celles qui nous
occupent, ou à celle des doctrines qui, en cherchant le
principe de la morale dans une conception désintéressée de la raison, se méprennent et ne rencontrent
pas le véritable. Elle appartient à cette dernière classe
de doctrines, quand elle envisage surtout la beauté de
la vertu, et à la classe des doctrines égoïstes, quand
elle a principalement en vue le plaisir asthétique
que la vertu donne, et qu'elle conseille la vertu comme
moyen de l'obtenir. Ce dernier système qui implique
que le même cercle vicieux que les précédens, peut être
considéré comme le plus haut raffinement de l'égoïsme;
il est, à leur insu peut-être, celui d'une foule de
personnes bien élevées et bien nées, qui se conduisent
avec toutes les délicatesses du désintéressement;
non par élévation d'âme mais par susceptibilité de
goût, et qui répugnent à l'égoïsme comme aux mauvaises odeurs, uniquement parce qu'il affecte désa-
gréablement leurs sens; égoïstes dans cette répugnance
même que l'égoïsme leur inspire, et que le vice peut
séduire, en se couvrant de fleurs et de parfums.

Tels sont, Messieurs, quelques-uns des systèmes
égoïstes engendrés par la préférence accordée dans le
calcul du bonheur aux plaisirs qui impliquent le bien
d'autrui, sur ceux qui ne l'impliquent pas et que
pour cela on a appelés plus particulièrement *per-*

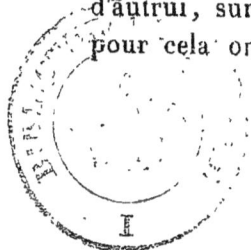

sohnels. En face de ces systèmes s'élèvent ceux dans
lesquels semble dominer la préférence contraire ; je
dis *semble*, car cette préférence n'a pu être que bien
rarement formulée. Le principal obstacle au système
égoïste se rencontrant dans les croyances morales de
l'humanité qui le repoussent, les tentatives pour le
réconcilier avec ces croyances ont dû être nombreuses ; et de là cette foule de doctrines qui ont
essshayé d'opérer cette réconciliation en présentant la
recherche du plaisir sous ses aspects les plus beaux et
les plus sociables. Mais aucune raison semblable
n'existant pour mutiler le bien ou le plaisir dans le
sens opposé, tout se réunissant, au contraire, pour
diriger l'attention des philosophes égoïstes sur les élémens sociables du bonheur ou du bien, cette dernière
mutilation a dû être rare, et plus rarement encore
avouée. Aussi, Messieurs, les systèmes que je vous
signale en ce moment n'ont pas pour caractère une
supériorité systématiquement reconnue aux élémens
purement personnels de l'égoïsme, mais une préférence implicitement accordée à ces élémens ; et cette
préférence suffit pour les distinguer profondément des
systèmes égoïstes qui professent ouvertement et systématiquement la préférence opposée. Le système de
Hobbes est un exemple de cette forme la plus grossière
de l'égoïsme, où il se montre à nu, hardiment, et
par ses côtés les plus évidemment et les plus franche-
ment personnels ; celui de Lamétrie en est un autre
plus frappant encore ; et l'on peut dire que, dans
celui-ci, la mutilation est avouée, tant les élémens

les plus égoïstes de l'égoïsme y sont continuellement et exclusivement considérés, comme com-
posant à eux seuls le bonheur. L'égoïsme, sous cette
forme, Messieurs, n'est pas dangereux, parce qu'il est
sans masque et se montre par ses laideurs; c'est même
pour avoir bien voulu prendre cette forme, qu'il a
perdu philosophiquement sa cause, comme je vous
l'ai dit. Mais la pratique de cet égoïsme n'en est pas
moins commune; aucun autre n'est plus hostile à la
société; et c'est principalement contre celui-là que
les lois sont nécessaires, et pour celui-là qu'elles ont
été faites.

Telles sont, Messieurs, les principales variétés de
la doctrine égoïste. Vous voyez que toute étroite que soit
cette doctrine, rien n'est plus rare que de la rencon-
trer complète dans la philosophie et dans la société.
On a mutilé de mille façons cette mutilation de la nature humaine, et cela parce que ce fragment du fait
de nos déterminations était encore complexe. Vous
avez vu, en effet, que c'est à des analyses diversement incomplètes du phénomène de l'égoïsme,
qu'étaient dues et que devaient être rapportées toutes
les formes diverses de la doctrine égoïste. Le phénomène de l'égoïsme présente effectivement une double
complexité: le bien, le plaisir qui en est la suite, et
l'utile qui en est le moyen, constituent la première;
les différentes espèces de biens, ou les différentes
espèces de plaisirs qui en découlent, constituent
la seconde. Cherchez maintenant toutes les vues incomplètes du phénomène auxquelles peuvent donner

lieu ces deux complexités, et vous trouverez en re-
gard de chacune une forme de la doctrine de l'é-
goïsme qui la représente. Tel est le résultat, Messieurs, auquel je tenais à vous conduire, et qui a été
le but de cette leçon.

Mais il serait encore imparfait si j'omettais de vous
rappeler ici deux tentatives qui ont été faites pour
tirer de l'égoïsme la règle de l'intérêt général; tentatives qui ont produit deux nouvelles variétés de cette
doctrine, qui doivent être ajoutées à celles qui sont
immédiatement sorties de l'analyse du fait fondamental, et qui épuisent toutes les formes sous lesquelles
elle a pu se produire.

Ces deux nouvelles variétés de l'égoïsme ont la prétention commune de substituer légitimement l'intérêt
général à l'intérêt personnel, comme règle de la conduite égoïste ; elles diffèrent en ce que l'une cherche à
prouver la légitimité de cette substitution par les phénomènes de la sympathie, et l'autre par la nécessité
de respecter et de servir l'intérêt des autres, pour qu'à
leur tour ils respectent et servent le vôtre.

J'ai expliqué suffisamment, en réfutant Bentham, et
la nature et la vanité de ces deux tentatives, pour
être autorisé à ne pas y revenir dans cette leçon ; je
me bornerai donc à dire que le système égoïste s'est
très-souvent produit sous le manteau de l'utilité générale, et que c'est ainsi, peut-être, qu'il a fait le plus
de conquêtes. Aussi bien serait-ce peut-être de toutes
ses formes celle qui conduirait à la pratique la moins
éloignée de la pratique morale, s'il était possible que

l'égoïste demeurât fidèle à la règle qu'elle pose. Mais
c'est ce qui n'est pas ; car le bien général ne devant
être fait, selon l'égoïsme, que parce qu'il est le
moyen du bien individuel, tout individu a dans chaque cas le droit de contrôler la règle par la considération de son propre bien, ce qui l'autorise à chaque
instant à la violer. On ne voit donc pas que, dans la pratique, l'égoïsme sous cette forme offre plus de garanties que sous sa forme propre. Elle a toutefois ce bon
effet, qu'en signalant les différens rapports qui lient
notre intérêt à celui de nos semblables, elle nous in-
duit à tenir plus de compte de ce dernier et à le respecter davantage.

J'en ai fini, Messieurs, avec le système égoïste et
ses différentes formes ; il ne me reste plus qu'à vous
faire remarquer une chose, c'est qu'aucune de ces
formes n'altère son caractère, et ne le dépouille de
son vice fondamental. Que l'individu poursuive la
satisfaction des tendances de sa nature, ou le plaisir
qui l'accompagne, ou les différens objets qui la produisent ; qu'il préfère la satisfaction de telles tendances à celle de telles autres et telle classe de plaisirs à telle autre classe dans le plus grand intérêt de
son bien ou de son bonheur ; qu'il prenne enfin pour
atteindre ce but le détour de l'intérêt général ou qu'il
y marche directement, peu importe ; ce qui le décide
à agir, c'est toujours la vue raisonnée de ce qu'il regarde comme son bien à lui. Ainsi, le motif reste toujours personnel et réfléchi, c'est-à-dire intéressé ; il
demeure donc toujours profondément distinct et du

motif passionné qui est personnel sans être réfléchi,
c'est-à-dire qui n'est ni intéressé, ni désintéressé, et
du motif moral qui est réfléchi mais impersonnel,
c'est-à-dire désintéressé. L'égoïsme, sous toutes ses
formes, garde donc toujours les mêmes caractères, et
ces caractères marquent du même sceau les divers systèmes de conduite qui peuvent en dériver. Seulement
ces systèmes de conduite s'écartent ou se rapprochent
plus ou moins de celui qui découle du motif moral,
et en cela les uns sont matériellement préférables aux
autres. Mais y en eût-il un qui lui fût parfaitement
identique, cette identité ne serait que dans les actes
extérieurs; et en faisant, au nom du motif personnel,
précisément tout ce que prescrirait le motif impersonnel, l'individu demeurerait tout aussi étranger à
la vertu, qu'en tenant au nom du même motif une
conduite toute contraire.

Un dernier caractère inhérent au système égoïste,
et qu'il garde sous toutes ses formes possibles, c'est
de ne pouvoir engendrer une obligation; et cela tient
à la nature du motif dont il appuie toutes ses prescriptions. Ce motif étant toujours le bien, le plaisir ou
l'utilité de l'individu à qui elles s'adressent, il faudrait, pour qu'elles fussent capables du caractère obligatoire, que ce motif lui-même le possédât; or, c'est
un fait qu'il ne le possède pas. En vain vous me dites
que telle action me sera bonne, agréable, avanta-
geuse, je ne sens pas que pour cela je sois tenu de la
faire. De ce qui m'est bon à ce qui doit être fait je ne
vois pas la conséquence, tandis qu'elle est immédiate

aux yeux de ma raison de ce qui est bon à ce qui doit être fait. Il faut donc prouver d'abord que ce qui m'est bon l'est en soi, pour que je me sente obligé de faire ce qui m'est bon; c'est-à-dire que le motif de l'égoïsme peut être légitimé par le motif moral, mais n'est point légitime par lui-même.

Il y a plus, et l'on peut dire qu'il n'est pas même une raison d'agir. Une raison est une vérité évidente qui, appliquée à une question particulière, l'éclaire et la décide. Agirai-je ou n'agirai-je pas? voilà la question pratique qu'il s'agit de résoudre. L'égoïsme répond : Agissez, car votre nature le désire. Pour que la réponse fût une raison, il faudrait qu'elle exprimât une vérité évidente; or elle exprime si peu une vérité évidente, que mon intelligence demande aussitôt la démonstration de cette prétendue vérité. Quand je me contente de la réponse de l'égoïsme, ce n'est donc point à une raison que j'obéis, mais au désir de ma nature. Dans la vérité des choses, l'égoïste n'agit point par raison, mais par passion; il raisonne les moyens de satisfaire sa passion, et, sous ce rapport, il est vrai de dire que sa conduite est raisonnée; mais c'est à l'impulsion de la passion et non point à une conviction de sa raison qu'il cède, et quoique raisonnée sa conduite n'est point raisonnable. On n'agit donc raisonnablement que quand on agit moralement, car alors seulement on obéit à une raison, c'est-à-dire à une vérité évidente qui est celle-ci : Ce qui est bon doit être fait.

En dernière analyse, dire à un homme de faire une

chose parce qu'elle lui est bonne, c'est lui dire
qu'une chose est bonne parce qu'elle lui est bonne;
or, une telle proposition n'est nullement évidente par
elle-même. Non-seulement donc ce précepte n'est point
obligatoire, mais il implique une proposition qui
n'est point claire, et qui ne peut le devenir que quand
on aura prouvé l'identité du bien individuel et du
bien absolu. Loin donc de donner une obligation d'a-
gir, l'égoïsme ne donne pas même une raison d'agir.
Aussi est-ce par le besoin de s'expliquer l'égoïsme et
de le justifier qu'on y échappe; car en chercher la
raison, c'est déjà n'y plus croire, et l'avoir trouvée,
c'est avoir conçu le principe moral.

SYSTÈME SENTIMENTAL. — SMITH.

MESSIEURS,

J'ai cherché dans les leçons précédentes à vous donner une idée des systèmes qui ont placé le principe de la morale dans l'amour de soi. Ces systèmes composent la première classe de ceux qui, en cherchant en nous le principe de la morale, ne le rencontrent pas ou le défigurent. Je vais maintenant passer à une autre classe de ces systèmes.

L'erreur de ces nouveaux systèmes, Messieurs, est beaucoup moins grande que celle des précédens. En plaçant le principe de la morale dans la recherche du bien personnel, ces derniers en effet ne font rien moins que nier dans la nature humaine l'existence d'un motif désintéressé; c'est la plus grossière qu'on puisse commettre. Les systèmes dont je vais m'occuper ne la commettent point; ils croyent à l'existence en nous d'un mobile distinct de l'amour de soi; pour eux le désintéresse-

ment est un fait, et le principe de ce fait est à leurs
yeux celui-là même de la morale ; mais en cherchant
ce principe, ils ne rencontrent pas le véritable ou en
démêlent mal la nature ; c'est là leur erreur. Nous
allons donc, Messieurs, nous occuper des systèmes
qui croyent que l'homme agit dans beaucoup de cas
d'une manière désintéressée, mais qui, s'efforçant de
remonter à la source de ce désintéressement, s'égarent en chemin ou ne la découvrent qu'imparfaitement,
et, par conséquent, défigurent de cette façon le véritable principe de la morale.

Les systèmes désintéressés se sont produits, dans les
tems modernes, de la même manière qu'à toutes les
grandes époques philosophiques que l'histoire nous
fait connaître. Quand la philosophie commence à se
développer dans un pays, elle ne s'inquiète en aucune manière du principe de la morale ; l'esprit humain rencontre en s'éveillant des questions plus pres-
santes à résoudre, et ces questions l'occupent long-
tems ; mais le jour où la philosophie aborde enfin le
problème moral, et s'inquiète de savoir quelle peut
être la fin de l'homme, et, par conséquent, quel doit
être le but de ses actions, elle ne manque jamais de
résoudre d'abord la question par la doctrine du bonheur, et la raison en est simple ; c'est que, pour résoudre la question, le bon sens indique qu'il faut chercher quel est le mobile des déterminations humaines,
et que, parmi les mobiles des déterminations humaines,
le plus visible, le plus extérieur, celui qui, du premier coup, frappe inévitablement les regards de l'ob-

servateur, c'est l'amour du plaisir et la haine de la douleur ; toutes les fois donc que, dans un mouvement philosophique, l'esprit humain commence à chercher quel est le principe de la conduite ou le motif des actions humaines, la première doctrine qui apparaît est celle de l'égoïsme. Cette doctrine, Messieurs, on la professe d'abord pour l'ordinaire sans en apercevoir les conséquences ; mais soit que l'inventeur les ait vues ou qu'elles lui aient échappé, elles ne tardent pas à apparaître ; car lorsqu'un principe est une fois posé en ce bas monde, en philosophie ou en toute autre chose, il ne saurait retenir une seule de ses conséquences : toutes, depuis la première jusqu'à la dernière, en sortent nécessairement. Or, les conséquences de l'égoïsme sont odieuses à la nature humaine, et cela non-seulement parce qu'elles la mutilent, mais parce que, dans cette mutilation, c'est la partie la plus noble d'elle-même qui se trouve emportée ; la sympathie universelle s'attache, en effet, aux déterminations désintéressées, tandis qu'il y a plutôt de l'antipathie que de la sympathie pour les déterminations intéressées. Les vraies conséquences de l'égoïsme ne peuvent donc se dévoiler sans exciter contre elles une révolte générale qui remonte jusqu'à la doctrine même d'où elles découlent. Car remarquez que cette doctrine, renfermée dans sa maxime fondamentale que la recherche du bonheur est la fin de l'homme, n'a rien en soi qui choque l'intelligence humaine ; on peut même dire qu'entendue d'une manière très-large, elle est vraie ; de manière que tant que cette

doctrine n'est envisagée que dans son principe ou dans
ses conséquences les plus superficielles, elle n'effraie
pas du tout, et l'on voit les plus grands esprits s'y rat-
tacher sans scrupule ; c'est ainsi qu'au XVIIe siècle on
a vu, d'un côté Leibnitz, de l'autre Bossuet, admettre
la doctrine du bonheur, quoique rien ne paraisse plus
antipathique à l'âme chrétienne de Bossuet, et à l'esprit vaste et sévère de Leibnitz. Mais quand une analyse plus sévère a peu à peu mis au jour les rigoureuses
conséquences du principe et révélé par là sa véritable portée, alors les consciences s'alarment, le bon
sens réclame, et il s'ensuit une réaction philosophique
dont le premier objet est de démontrer qu'il y a du désintéressement dans l'âme humaine, et, par conséquent,
quelqu'autre mobile pour elle que son bonheur. De
là une analyse plus philosophique et plus sérieuse des
différens motifs qui agissent sur la volonté humaine,
analyse qui a pour fin dernière de découvrir en nous
les sources du désintéressement, et par là de toute vertu
et de tout dévouement. Mais il faut, Messieurs, une
étude bien plus attentive des faits psychologiques, pour
découvrir les ressorts désintéressés de la nature humaine, pour en apercevoir les ressorts intéressés. Ceux-
ci jouent à la surface, si je puis parler ainsi ; les autres
sont au fond, et il est vrai de dire, sous ce rapport,
que la philosophie du bonheur est une philosophie
d'enfans; il n'est besoin d'aucune réflexion, d'aucune
étude de l'homme pour trouver cette solution du problème moral : le premier venu en est capable, et elle
court les rues. Mais le principe du désintéressement

dans l'homme est plus difficile à saisir, parce qu'il est
bien plus intime; de sorte que la réaction, dont je
parlais tout à l'heure, passe par bien des erreurs et
s'arrête à bien des *à peu près*, avant d'assigner avec
précision le vrai principe de la morale; et de là, dans
les tems modernes, cette foule de systèmes qui, en
proclamant le fait du désintéressement et avec la prétention d'en indiquer la véritable source, en donnent cependant chacun une explication différente.
Cette diversité d'explications caractérise déjà dans
l'antiquité l'école désintéressée, mais elle y est moins
grande, parce que, dans l'antiquité, toutes les opinions
humaines se formulent en systèmes plus simples et
plus tranchés que dans les tems modernes, où l'analyse descendue aux nuances multiplie les systèmes
pour les représenter, ce qui fait que ces systèmes se
touchent et n'ont point une physionomie aussi ca-
ractérisée.

Or, Messieurs, parmi ces systèmes qui ont la prétention de fonder la morale sur un principe désintéressé, il en est de deux espèces. Le caractère des premiers est de placer l'origine des déterminations désintéressées dans une perception du bien et du mal
moral par l'intelligence; en d'autres termes, la première classe de ces systèmes explique l'existence en nous
des notions de bien et de mal moral par une opération
de la raison, qui, lorsque les actions apparaissent, juge
que les unes sont bonnes et que les autres sont mauvaises en soi et absolument; cette distinction fondamentale est donc, suivant ces doctrines, un fait ra-

tionel, un fait qui ne s'accomplit pas dans la région de la sensibilité, mais dans celle de l'intelligence.

La seconde classe des systèmes désintéressés explique, au contraire, la distinction du bien et du mal dans l'âme humaine, et les déterminations désintéressées qui s'ensuivent, par certains faits qui se passent dans la sensibilité et non dans la raison; en sorte que, suivant ces systèmes, le désintéressement en nous ne résulterait pas d'un jugement, mais d'un instinct.

Le sentimentalisme et le rationalisme sont donc les deux caractères par lesquels se distinguent et peuvent se classer tous les systèmes qui ont la prétention d'être désintéressés, et qui, sous une forme ou sous une autre, se mettent en opposition avec le système égoïste.

Mon but, Messieurs, est de vous donner, par l'exposition de quelques-uns des systèmes appartenant à ces deux catégories, une idée de tous ceux que l'une et l'autre renferment. Je me garderai bien d'épuiser toutes ces doctrines; la tâche serait infinie; il suffira de vous montrer, par quelques exemples, comment les uns, cherchant le désintéressement dans la sensibilité et les autres dans une vue de la raison, ont pu, dans cette double voie, en défigurer le véritable principe. Ces systèmes sont infiniment respectables; les intentions de leurs auteurs étaient parfaitement nobles et généreuses, et s'ils se sont égarés dans la recherche du véritable principe de la détermination désintéressée, du moins ils y croyaient, et quelques-uns l'ont entrevu et, pour ainsi dire, touché.

Je commencerai cette exposition par les systèmes sentimentalistes ; et, parmi ces systèmes, je vous ferai connaître d'abord celui de tous qui est peut être le plus ingénieux et le plus original ; je veux parler de celui d'Adam Smith, tel qu'on le trouve exposé dans l'ouvrage intitulé : *Théorie des sentimens moraux*. Je vais m'efforcer, dans cette leçon, de vous donner une idée des bases de cette remarquable doctrine.

Smith, Messieurs, est peut être l'esprit le plus créateur que l'Ecosse ait produit depuis cent cinquante ans ; vous connaissez ses grands travaux en économie politique ; il est le père de cette science ; il l'a fondée sur une foule de faits qui ne pouvaient être visibles que pour une intelligence aussi pénétrante que la sienne ; il ne s'est occupé qu'accessoirement de philosophie, et les principaux résultats de ses recherches en cette matière sont consignés dans son ouvrage sur les sentimens moraux ; mais là paraissent aussi toute l'originalité et toute la fécondité d'esprit qui le caractérisent ; quoiqu'il se soit complètement trompé sur le principe de la morale, on peut dire néanmoins que les faits de la nature humaine qu'il a mis en lumière et analysés dans cet ouvrage, en font un des monumens les plus précieux et les plus utiles à consulter pour la construction de la science de l'homme. Je me bornerai à vous indiquer ceux de ces faits qui servent de fondement à son système ; ils sont parfaitement vrais, mais il en a tiré des conséquences beaucoup trop étendues.

Quand nous sommes en présence d'un homme qui éprouve visiblement un certain sentiment ou une certaine passion, notre nature, sans l'intervention ni de notre raison, ni de notre volonté, tend à reproduire en elle ce sentiment ou cette passion; en d'autres termes, notre nature tend à se placer dans la même disposition sensible dans laquelle cet homme se montre à nous. Ce phénomène obscur dans certains cas, est parfaitement clair dans d'autres; en présence d'une mère dont la figure exprime une profonde bienveillance pour l'enfant qu'elle tient sur ses genoux, il n'y a pas un spectateur qui ne sente naître en lui un commencement de disposition semblable; dans une multitude de circonstances qu'il est tout à-fait inutile de citer, cette observation peut être faite, et il n'y a pas un de vous qui ne puisse le témoigner. Il y a plus; cette inclination de notre âme à se placer dans la disposition sensible où nous voyons un autre individu humain, nous l'éprouvons alors même qu'il s'agit d'êtres d'une autre espèce, pourvu qu'ils aient avec nous quelques rapports, et soient à quelque degré animés. Ainsi, nous ne saurions voir un animal exprimer une certaine situation intérieure, un chien, par exemple, souffrir une vive douleur, sans que notre âme ne se mette, jusqu'à un certain point, dans la même disposition; la gaîté et la vivacité d'un oiseau qui saute de branche en branche en chantant, semblent imprimer à notre nature une disposition à se réjouir et à se mouvoir, et cet instinct se montre alors même que l'objet nous répugne. A la vue d'un serpent qui court en décrivant une ligne onduleuse sur le sable, un commencement de disposition à imiter ce mouvement se fait sentir en nous. En général, toutes les fois qu'un phénomène sensible dont nous sommes capables se produit dans une nature quelconque, et principalement dans une nature semblable à la nôtre, il y a dans la nôtre une inclination à imiter et à reproduire ce phénomène. Cette propriété de la nature humaine est la sympathie, ou, du moins, la racine et le germe de ce qu'on appelle ainsi.

Et non-seulement nous avons cette disposition, mais nous trouvons du plaisir à nous sentir ainsi en harmonie avec les natures qui nous environnent. Il semble que cet accord de deux êtres dans les mêmes sentimens, dans les mêmes dispositions, soit pour chacun d'eux, dès qu'il en a conscience, une source de bonheur.

Que les sentimens agréables ou désagréables que nous éprouvons acquièrent une plus grande vivacité lorsqu'ils sont partagés par nos semblables, c'est un fait qu'une foule de circonstances démontre avec la plus grande évidence. Assistez dans une salle de spectacle à peu près déserte à la représentation d'une pièce, vous éprouverez infiniment moins de plaisir que lorsque la salle sera pleine, et qu'à côté de vous et de tous côtés vous sentirez des natures semblables à la vôtre partager vos dispositions : aucun autre fait n'est plus connu. Ainsi, la conscience que

8.

notre âme est à l'unisson avec d'autres âmes, que les
sentimens qu'elle éprouve sont les mêmes que ceux
qu'elles éprouvent, et qu'elle les éprouve de la
même manière et avec la même vivacité, cette conscience est pour nous une source de plaisir; nous
jouissons profondément de cette harmonie.

A ces deux faits il faut en ajouter un troisième : nous
avons tant de goût et un goût si instinctif pour cet accord entre nos dispositions et celles de nos semblables,
que lorsque nous éprouvons un sentiment personnel,
si nous exprimons ce sentiment, et qu'il y ait là un
homme qui ne l'éprouve pas, parce que c'est notre passion à nous et non pas la sienne, involontairement et
sans que nous nous en apercevions, nous abaissons,
nous amoindrissons la manifestation de ce sentiment,
afin d'être moins éloigné de la disposition froide dans
laquelle il se trouve; il arrive, d'un autre côté, que cet
homme qui n'éprouve nullement cette passion, se met,
en voyant que nous l'éprouvons, à l'éprouver aussi par
sympathie, et non-seulement la ressent, mais s'exalte
par une sorte de complaisance instinctive, de manière
à ce qu'en exagérant en lui cette passion qu'il n'é-
prouve que par sympathie, elle s'élève au niveau de
la nôtre qui est originale. Ce fait est si bien de tous
les momens, qu'il n'y a personne qui ne puisse l'observer. Soyez animé d'une passion vive, je vous le demande, manifesterez-vous cette passion dans toute la
vivacité avec laquelle vous la ressentez, en présence de
spectateurs indifférens? nullement, vous abaisserez
l'expression de cette passion en considéation des per-

sonnes qui vous entourent, et ces personnes à leur
tour, sentant que vous éprouvez cette passion, sentant
qu'elles est forte en vous, mais que vous la dissimulez
en partie pour la mettre au niveau de la leur, non-
seulement la partageront sympathiquement, mais s'ef-
forceront d'élever cette passion sympathique à la hauteur de la vôtre, pour mettre leur sensibilité et la
vôtre en harmonie. Ce sont là des faits auxquels ne
participent en rien ni la raison, ni la volonté ; ils sont
purement instinctifs.

Ce sont, Messieurs, les lois de ce fait de sympathie
dans tous les différens cas, que l'esprit ingénieux de
Smith s'est efforcé de déterminer et d'établir. Je vous
donnerai une idée de quelques-unes de ces lois avant
de vous faire connaître les conséquences morales que
Smith en a tirées ; mais auparavant, il est un point
sur lequel je dois vous soumettre une observation,
parce que, sur ce point, je ne suis pas tout-à-fait d'accord avec Smith. Smith pense que la disposition sympathique n'est pas générale, et qu'il y a tel sentiment qui,
loin d'exciter en nous le mouvement d'imitation, y produit, au contraire, un mouvement d'antipathie. Ainsi,
quand nous voyons un homme animé d'un sentiment
méchant, Smith pense que notre nature, loin d'être
inclinée à reproduire en elle cette disposition malveillante, éprouve au contraire une répugnance à
l'imiter ; en cela consiste, selon lui, le fait de l'antipathie. Je suis bien loin de nier ce fait, mais je l'explique un peu différemment ; je crois que le premier
mouvement de toute nature humaine, à la vue des

signes qui annoncent qu'une autre nature humaine
est dans une certaine disposition, est l'imitation ou la
sympathie; mais je pense que, dans beaucoup de cas,
ce mouvement est étouffé par la réflexion ou par une
sympathie plus puissante pour d'autres sentimens
éprouvés par d'autres créatures humaines. C'est là, du
reste, un point qui n'a qu'une importance scientifique; il reste vrai qu'il y a des cas où la sympathie est
' ple, d'autres où elle se partage et devient double,
iple et quadruple, suivant que plusieurs êtres se
trouvent intéressés dans la passion qui l'excite. Ce sont
les lois de la sympathie dans ses différens cas, dont je
vais, avec Smith, vous donner une idée.

Supposez un homme en colère, et admettez que les
motifs de sa colère ne soient pas souverainement injustes, car, s'ils étaient souverainement injustes, ce
qu'il éprouve mériterait un autre nom, celui de colère impliquant une certaine innocence; à la vue de
ce sentiment deux faits de sympathie se produisent en
moi. D'une part, je sympathise avec la colère qui
est dans l'âme de cet homme; en outre, je sympathise avec la personne qui est l'objet de cette colère,
parce que cette colère lui fait courir un danger. Soit
que cette personne connaisse ce danger ou qu'elle
l'ignore, mon imagination me la représente comme exposée; et j'éprouve ce qu'une créature humaine doit
ressentir quand elle est l'objet de la colère d'une autre.
Ma sympathie me jette donc, à la fois, dans une disposition qui tend à me mettre tout-à-fait dans les sentimens de l'homme en colère, et dans une disposi-

tion qui tend à me mettre tout-à-fait dans les sentimens de l'homme qui en est l'objet : ma sympathie se partage donc; une partie s'associe au mouvement de l'homme en colère, et une autre se tourne contre le sentiment qui l'anime. Il suit de là que, si je me mets en colère, et que j'éprouve en même tems le besoin que ressentent à des degrés différens toutes les créatures humaines de se mettre en accord de dispositions avec leurs semblables, je dois modérer l'expression de cette passion ; car, en la laissant paraître moins forte à mes semblables, ils s'inquièteront moins de l'individu qui en est l'objet, et sympathiseront plus exclusivement avec mon sentiment. Cette modération, dans l'expression de la colère, se produit instinctivement chez tous les hommes en présence de leurs semblables, et surtout des personnes avec lesquelles ils ne sont pas très-familiers. Un homme seul dans sa chambre laisse paraître toute la vivacité de la colère ; en présence de sa femme et de ses enfans, il n'en modère pas beaucoup l'expression ; mais en présence d'un étranger, surtout si cet étranger a quelque poids à ses yeux et qu'il désire se maintenir avec lui en harmonie de sentimens, aussitôt et instinctivement cette expression est adoucie. Ce fait confirme ce besoin d'accord que je vous signalais tout-à-l'heure, et que ressent toute créature humaine. Il exige que l'expression de certaines passions soit modérée, et elle l'est instinctivement ; il exige que la manifestation de certaines autres soit supprimée, et il en est ainsi. Supposez que j'éprouve un mouvement de méchanceté

pure, ce qu'on peut admettre par hypothèse, en
d'autres termes, que je sois sans motif et injuste-
ment animé d'une passion malveillante pour quelqu'un. D'après Smith, le sentiment de la malveillance pure n'excite aucune sympathie : selon moi il
en excite ; mais ce sentiment est tellement dominé
par celui qu'excite l'objet de cette malveillance qu'il
en est étouffé ; dans les deux opinions, le résultat est
le même. A la vue d'un homme animé d'un tel mouvement, ma sympathie tend à se porter tout entière
vers l'objet de cette disposition. L'homme qui éprouve
ce mouvement est donc naturellement enclin, non-
seulement à l'exprimer faiblement, mais à ne pas
l'exprimer du tout ; aussi n'y a-t-il que les méchans
qui soient hypocrites ; en eux c'est une chose instinctive, et qui n'est point l'effet d'un raisonnement ; le
raisonnement peut bien venir à l'appui de cet instinct ; le désir d'être estimé peut bien engager à dissimuler ce sentiment ; mais il l'est bien long-tems
avant ce raisonnement, et cet instinct, selon Smith,
n'est qu'une forme du besoin d'être en harmonie de
dispositions avec ses semblables.

Je viens de vous montrer des exemples où la sympathie est double et en sens opposé ; il y a des cas
où elle est simple, et où, par conséquent, elle est
toute dans le même sens. Telle est celle qu'excitent
ces mouvemens de la sensibilité qui n'ont aucune re-
lation avec le bonheur d'autrui, et, par exemple,
l'amour de la vérité ; à quelque degré que j'éprouve
cet amour, il ne saurait affecter directement le bon-

heur de personne; cette disposition ne peut donc exciter chez les autres qu'un mouvement sympathique simple; il s'en suit qu'on peut la laisser paraître telle qu'on la ressent, car on n'a aucun intérêt, ni instinctif, ni raisonné, à la dissimuler. Aussi que j'aime le beau et le vrai, on ne voit pas que je m'en cache, ni que je fasse rien pour abaisser, en présence des autres, l'expression de ce sentiment; c'est que je n'ai à redouter en eux aucune sympathie contraire au mouvement que j'éprouve.

Il y a, enfin, des dispositions intérieures qui excitent des sympathies doubles, triples, mais qui sont toutes dans le même sens. Ainsi, quand je vois un homme animé pour un autre d'un sentiment de charité, de pitié, de bienfaisance, d'amour, d'amitié, une double sympathie se produit en moi; l'une est excitée par la disposition bienveillante de cet homme, l'autre par la reconnaissance de la personne qui en est l'objet; je sympathise, à la fois, avec l'objet de cette disposition qui est reconnaissant, et avec le sujet de cette disposition qui est bienveillant. Vous remarquerez que ces deux sympathies ne sont point en sens contraire, mais qu'elles s'accordent et s'augmentent l'une par l'autre; d'où il suit que les dispositions bienveillantes sont, de toutes, celles qui attirent le plus la sympathie, et par conséquent celles qui contribuent le plus à produire entre les hommes cette harmonie de sentimens à laquelle toutes les âmes aspirent instinctivement; d'où il suit encore qu'il n'est nullement besoin de dissimuler cette espèce de disposition.

Vous voyez, par cette courte exposition, comment
l'analyse du fait de sympathie a fourni à Smith l'explication d'un très-grand nombre de phénomènes de la
nature humaine, explication d'autant plus ingénieuse
que son point de départ est plus simple. Comment
en tire-t-il celle des phénomènes moraux proprement
dits, c'est ce qui me reste maintenant à vous exposer.

Qu'est-ce, dit Smith, qu'approuver ou désapprouver
les sentimens d'autrui? dans quel cas les approuvons-
nous, dans quel cas les désapprouvons-nous? Si on
veut y réfléchir on verra que nous les approuvons
quand nous les partageons, que nous les désapprou-
vons quand nous ne les partageons pas; que nous les
approuvons entièrement quand nous les partageons
entièrement, que nous ne les approuvons qu'à moitié
quand nous ne les partageons qu'à moitié; en un mot,
que non-seulement l'approbation et la désapprobation
sont dans notre raison un effet des phénomènes purement sensibles de la sympathie et de l'antipathie, mais
encore une traduction constamment exacte de ces phénomènes. Or, s'il en est ainsi, l'origine de l'approbation morale en tant qu'elle s'applique à autrui est
trouvée : elle émane de la sensibilité, et dans la sensibilité du phénomène instinctif de la sympathie. Tous
les jugemens que nous portons sur les sentimens, et,
par conséquent, sur les actions d'autrui, n'expriment
qu'une chose, le degré de sympathie ou d'antipathie
que ces sentimens et ces actions nous font éprouver.
Mais ce n'est là qu'une partie des jugemens moraux
que nous portons; reste à voir d'où procèdent ceux

qui ont nos propres sentimens et nos propres actions
pour objet.

Smith affirme que si un homme se trouvait seul au
monde, il ne pourrait juger ni de la bonté, ni de
la méchanceté de ses actions ; le moyen de les qualifier moralement lui manquerait tout-à-fait. Cette
étrange assertion se fonde, dans sa pensée, sur l'opinion que le fait de sympathie est le principe d'où
nous tirons la règle, selon laquelle nous qualifions
toutes les actions, les nôtres et celles d'autrui, et dis-
tinguons celles qui sont bonnes de celles qui sont
mauvaises ; or, comme il faut au moins deux êtres
humains pour que le sentiment de sympathie se développe, il est impossible que l'homme solitaire s'é-
lève à cette règle, et par conséquent apprécie la moralité de ses actes. Mais comment s'élève-t-il à cette
règle par la sympathie ? le voici.

Smith pose en fait que, quand nous sommes animés
d'une certaine disposition ou faisons un certain acte
et tenons une certaine conduite, nous avons la propriété
de nous supposer spectateurs de ce sentiment, de cet
acte, de cette conduite, et d'éprouver à quelque dé-
gré le sentiment de sympathie que nous ressentirions
à la vue de la même disposition, de la même conduite, du même acte chez une autre personne. Ce
fait sur lequel repose toute l'explication de Smith,
est-il exact ? Avons-nous réellement cette propriété
de nous rendre spectateurs de nos dispositions et de
nos actes, et d'éprouver à ce spectacle les mêmes
sentimens qu'il excite chez les autres ? Sans aucun

doute, Messieurs, et, pour mon compte, je suis
prêt à reconnaître l'existence de cette propriété,
et sauf quelques restrictions que Smith signale lui-
même, des effets qu'il lui attribue.

Smith reconnaît, en effet, que lorsque nous sommes animés d'une passion violente, cette propriété
continue bien d'agir, mais à un si faible degré que ses
effets sont à peine sensibles; mais il affirme, ce qui
est vrai, que, quand la passion est évanouie ou
du moins considérablement calmée, son action re-
paraît, et avec elle toutes ses conséquences. Car alors
nous nous représentons plus vivement le spectacle que
nous avons donné et dont nous n'avons pas eu conscience, et nous éprouvons dans toute leur vivacité les
sentimens de sympathie et d'antipathie qu'il est dans
sa nature d'exciter. Peu importe à Smith, du reste,
que ces mouvemens d'antipathie et de sympathie pour
nos propres dispositions et nos propres actes soient
dans certains cas un peu plus ou un peu moins vifs,
et qu'ils se manifestent un peu plus tôt ou un peu
plus tard; ce qui lui importe, c'est que nous les
éprouvions réellement; pourvu que nous ayons la
propriété de les ressentir, c'est tout ce qu'il demande,
il ne lui en faut pas davantage pour la justification
de son système.

Et en effet, dit-il, au besoin pressant que nous avons
de nous sentir en harmonie de dispositions et de sentimens avec nos semblables, il ne faut que cette lumière, pour nous faire juger aussitôt que si nous nous
sommes trouvés dans une disposition qui excitât l'an-

tipathie de nos semblables, cette disposition était
mauvaise ; que si nous nous sommes trouvés dans une
disposition qui excitât leur sympathie, cette disposition était bonne ; que si, enfin, nous, nous sommes
trouvés dans une disposition qui excitât tout à la fois
leur sympathie et leur antipathie, cette disposition
n'était ni parfaitement bonne, ni parfaitement mauvaise. De là le principe de qualification de nos propres
sentimens et de nos propres actes, lequel réside dans
la sympathie comme celui des sentimens et des actes
de nos semblables; tout de même, en effet, que nous
jugeons des sentimens et des actes d'autrui par la sympathie ou l'antipathie qu'ils excitent en nous, tout de
même nous jugeons des nôtres par la sympathie ou
l'antipathie qu'ils excitent dans les autres, sympathie
ou antipathie que nous devons également de connaître
à la propriété que nous avons de nous mettre à leur
place, et d'éprouver dans une situation donnée ce
qu'ils éprouvent eux-mêmes.

Et maintenant, Messieurs, du double principe de
qualification de nos sentimens et de nos actes, et des
sentimens des actes des autres, résulte le principe de
qualification de toutes les dispositions et de toutes les
conduites possibles ; c'est, en effet, par cette double
voie que nous nous élevons à cette maxime générale
qui est le principe même de la morale, que la bonté
d'une action est en raison directe de l'assentiment
qu'elle excite dans les autres hommes, et que les actions les meilleures sont celles qui sont de nature à
obtenir la sympathie la plus pure et la plus univer-

selle possible., c'est-à-dire, une sympathie sans mé-
lange d'antipathie, et qui soit accordée non par quelques hommes seulement, mais par l'humanité tout
entière. De-là, Messieurs, une échelle de la bonté
et de la méchanceté des actions, graduée à l'aide de
cette mesure commune, et par suite tout un système
de règles pour notre conduite.

Et en effet, dit Smith, à mesure que l'expérience de
nous-mêmes et des autres nous apprend à reconnaître,
entre les différentes actions, celles qui excitent ou la
sympathie pure, ou l'antipathie pure, ou une sympathie mêlée d'antipathie, nous inscrivons, pour ainsi
dire dans notre mémoire la qualité propre de ces différentes actions, et c'est ainsi que la valeur de chacune nous est révélée. De là toutes ces maximes et
toutes ces règles de morale qui se rencontrent à un
certain âge dans l'esprit de tous les hommes. Une fois
qu'elles ont été trouvées par l'expérience et déposées
dans notre esprit, nous pouvons juger immédiatement, en vertu de ces règles dont nous sommes sûrs ;
ce qui, d'une part, abrège beaucoup le travail de l'appréciation de nos actions et de celles de nos semblables,
et, de l'autre, nous est d'un grand secours quand nous
sommes jetés dans une de ces dispositions violentes
qui nous ôtent le pouvoir d'en apprécier la valeur par
la sympathie. Dans ce dernier cas, à l'aide de la règle
qui déclare cette disposition bonne ou mauvaise, je
puis la combattre ou m'y abandonner avec la certitude
de n'être pas démenti par mes sentimens quand j'aurais recouvré mon sang-froid. Il en est de même, toutes

les fois que les préoccupations de la vie ne me laissent
pas la liberté d'esprit nécessaire pour me placer dans
la situation intérieure de mes semblables, et soumettre leurs dispositions à l'épreuve directe de ma
sympathie et de mon antipathie; je les apprécie alors
par la règle, qui m'apprend ce qui est convenable
dans la situation donnée. Telle est l'utilité de ces règles,
fruit d'une expérience qui n'est elle-même que le résultat d'une application répétée du principe de la sympathie et de l'antipathie à nos actions et à celles des
autres.

C'est ainsi que Smith explique par la sympathie
le phénomène fondamental de la distinction du bien et
du mal. Celui-là expliqué, il rend facilement compte
des phénomènes moraux secondaires. Ne pouvant le
suivre dans tous ces détails, je vous citerai, comme un
exemple, l'origine très-conséquente à son système qu'il
assigne au sentiment de mérite et de démérite.

Vous n'ignorez pas, Messieurs, en quoi consiste ce
phénomène; vous savez qu'à la vue d'une action bonne
ou mauvaise, au sentiment de plaisir ou de peine qu'elle
nous cause, vient se mêler un jugement de notre raison;
que, dans un cas, elle reconnaît l'auteur de l'action
digne de récompense, et dans l'autre de punition, ce
qui nous incline à vouloir du bien à l'un et du mal à
l'autre. Ce phénomène moral s'explique très-bien dans
la doctrine de Smith; car à la vue d'une action bienveillante je n'éprouve pas seulement de la sympathie
pour la disposition où se trouve la personne bienveillante, j'en éprouve encore pour celle où se trouve

l'objet de cette bienveillance. Or, cette dernière disposition, quelle est-elle? la reconnaissance; et qu'est-
ce que la reconnaissance, sinon le désir instinctif et la
volonté de faire du bien à la personne qui nous en a
fait, et parce qu'elle nous en a fait? Partageant cette
disposition en ma qualité de spectateur, je veux donc
du bien à l'auteur de l'action, je sens qu'il en mérite, en récompense de celui qu'il fait. Qu'arrive-t-il,
au contraire, quand je vois un homme animé d'une
disposition malveillante? N'éprouvant pour lui aucune
sympathie, mais en éprouvant une très-forte pour la
personne qui est l'objet de sa malveillance, je me
trouve par là jeté dans les sentimens de celle-ci. Or,
que se passe-t-il en vous lorsque vous êtes l'objet d'une
passion malveillante? vous vous sentez naturellement
porté à rendre le mal pour le mal; moi donc qui partage sympathiquement votre disposition, je dois juger
digne de punition, c'est-à-dire méritant du mal pour
celui qu'elle désire vous faire, la personne qui éprouve
la disposition malveillante. Telle est, selon Smith,
l'explication naturelle du jugement du mérite ou du
démérite.

Il explique avec la même facilité apparente le
plaisir que nous éprouvons quand nous avons bien
fait, et le remords qui nous saisit quand nous avons
mal fait. En vertu de la propriété que j'ai de me
rendre spectateur des dispositions que j'éprouve et
des actes que je fais, je ressens d'abord pour moi
même, quand j'ai bien agi, un sentiment de sympathie. Ce mouvement me fait juger que les autres

hommes, spectateurs comme moi de cet acte, éprouvent pour moi le même sentiment. J'ai donc la conscience d'un accord intime entre ma conduite et leurs sentimens entre mes dispositions et les leurs, et nous avons vu que le sentiment de cet accord est délicieux. C'est en cela que consiste le bonheur d'avoir bien fait. De plus, ayant formulé le principe à l'aide duquel je qualifie les actions, je sens qu'en vertu de ce principe j'ai droit de déclarer mon acte bon, puisqu'il proclame tel tout acte qui obtient l'assentiment des autres. C'est en cela que consiste l'approbation que je m'accorde et qui se mêle au plaisir. Par la raison contraire, j'éprouve quand j'ai mal agi, la douleur spéciale qu'on appelle remords, et de plus, je me désapprouve et me blâme.

Vous voyez Messieurs, les élémens généraux du système de Smith, et vous pouvez en présumer la portée. Mais, dans l'auteur, les applications sont infinies et toutes plus ingénieuses et plus spirituelles les unes que les autres.

Quand l'homme est développé, et que le principe de la qualification des actions et toutes les règles que l'expérience en a tirées sont établis dans son esprit, voici de quels élémens se compose en lui le fait de l'approbation d'une action bienveillante dont il est spectateur. Il éprouve d'abord une double sympathie, l'une pour les motifs de l'auteur de l'action, l'autre pour les sentimens de bonheur et de gratitude de la personne qui en est l'objet. En second lieu, il a la perception de la conformité de l'acte qu'il voit faire avec la règle de moralité que l'expérience lui a enseignée, ce qui

fait qu'indépendamment du jugement instinctif. il
porte encore un jugement raisonné sur la bonté de
l'action. Ainsi, à la vue d'une bonne action l'homme
mûr n'éprouve pas seulement un sentiment de sympathie et une disposition bienveillante pour l'agent ; à
ces faits s'en ajoute un troisième qui est un jugement
raisonné d'approbation : ce troisième élément manque
dans l'enfant et souvent aussi dans l'homme grossier ; il
faut, pour qu'il existe, que l'expérience ait déjà créé
ou l'éducation introduit dans l'intelligence les règles générales de la moralité dont nous avons expliqué la formation, car le jugement raisonné d'approbation n'est autre chose que la perception de la conformité de l'action à ces règles ; il les présuppose
donc. Ce n'est pas tout, l'action nous paraît, par sa
nature, faire partie d'un système général de conduite
qui à pour tendance d'établir une harmonie universelle entre les dispositions de tous les hommes,
et cette harmonie universelle étant éminemment
belle en soi, ou pour mieux dire étant la beauté morale même, nous jugeons en vertu de cette perception que l'action n'est pas seulement bonne mais
qu'elle est belle. C'est là, pour Smith, le principe de
la beauté morale, laquelle est à ses yeux la source de
toute beauté.

Arrêtons-nous un peu sur ce dernier point moins
clair que les précédens.

Si tous les hommes se conduisaient de manière à ce
que chacune de leurs actions obtînt la sympathie et
l'assentiment des autres hommes et que les autres

hommes, en fissent de même, il est évident qu'il y aurait un accord parfait de dispositions, et par conséquent une harmonie parfaite entre tous les hommes. Cette harmonie a le caractère de la beauté. Smith compare le plaisir qu'elle nous donne à celui que nous éprouvons à la vue d'un mécanisme très-compliqué dont tous les mouvemens viennent avec un accord parfait se résoudre en un seul. Ce plaisir esthétique se retrouve à quelque degré dans le spectacle de toute action moralement bonne. Smith ne dissimule point que, dans beaucoup de cas, une action de cette dernière espèce, loin de nous attirer la bienveillance de nos semblables, nous vaut de leur part une malveillance prononcée, et il explique cette anomalie en disant, que les hommes sont souvent animés de passions et de préjugés qui eux-mêmes ne sont pas en accord avec les lois universelles de la moralité. Aussi reconnaît-il qu'il est des circonstances où l'honnête homme doit savoir braver l'antipathie de la société qui l'entoure afin de rester dans les conditions de la sympathie générale de l'humanité. C'est là que l'application du principe de sympathie devient particulièrement délicate et difficile, et trahit son insuffisance. Il faut savoir gré à Smith de n'avoir pas épargné cette épreuve à son système; il faut lui savoir gré d'avoir reconnu que l'homme vertueux peut, en agissant comme il le doit et précisément parce qu'il agit comme il le doit, se trouver en butte à l'antipathie non-seulement des personnes qui l'entourent mais de son pays et de son siècle. L'auteur pouvait dissimuler ce

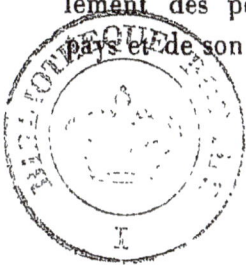

9.

cas embarrassant pour sa doctrine ; si la manière dont il le résout ne fait pas honneur à la logique du philosophe, la candeur avec laquelle il le pose en fait beaucoup à la probité de l'homme.

Telles sont, Messieurs, les idées fondamentales de la morale de Smith ; je vous soumettrai dans la prochaine leçon quelques observations critiques sur la valeur de ce système.

Dix-septième Leçon.

SYSTÈME SENTIMENTAL. — SMITH.

MESSIEURS,

Ce qui caractérise une doctrine morale, ce qui l'assimile à une autre ou l'en distingue, c'est la nature des réponses qu'elle fait à un certain nombre de questions qui sont celles là même que toute doctrine morale aspire à résoudre. La fin de l'homme en cette vie ou le but auquel doit tendre toute sa conduite, le caractère qui distingue une action bonne d'une mauvaise ou la règle selon laquelle les actions sont moralement qualifiées, le mobile enfin qui nous fait agir conformément à cette règle et en assure en nous la suprématie : tels sont à peu près les points fondamentaux que tout système moral a pour objet de fixer, et que les systèmes divers fixent diversement. Un système qui ne répondrait à aucune de ces ques-

tions, ne serait pas un système de morale; mais toutes
les fois qu'un système de morale répond catégori-
quement à l'une, par cela même il répond implicitement aux deux autres. En effet, ces trois choses, la
fin de l'homme en cette vie, le principe de qualification des actions, et le mobile légitime des déterminations sont tellement liées, que l'une étant donnée les
deux autres s'en suivent naturellement, et qu'il suffit
d'avoir l'opinion d'un philosophe sur l'un de ces
points, pour l'avoir sur les deux autres, et, par
conséquent, pour connaître sa doctrine morale tout
entière.

Ces considérations, Messieurs, nous indiquent la
méthode à suivre pour découvrir le véritable caractère d'une doctrine morale. Veut-on, en effet, déterminer d'une manière nette ce caractère et réduire
cette doctrine à se montrer telle qu'elle est, il n'y a
qu'un moyen, c'est d'en extraire une réponse précise
à ces trois questions, ou, au moins, à l'une des trois;
cela fait, vous saurez d'elle tout ce qu'il est possible
d'en savoir, vous pourrez la classer, vous pourrez la
juger.

Mais tous ces systèmes ne livrent pas ces réponses
avec la même complaisance: il en est qu'il n'est pas
besoin de solliciter, et qui, à la première sommation,
vous les donnent; mais il en est d'autres, au contraire,
qui sont si subtils, si équivoques, et, si je puis parler
ainsi, si embarrassés d'eux-mêmes, et si en peine
de se concilier avec le sens commun de l'humanité,
que ce n'est pas sans beaucoup d'insistance que vous

parvenez à démêler la pensée qu'ils expriment, et à leur dérober le secret de leurs solutions.

Les systèmes égoïstes sont de ceux qui répondent du premier coup et d'une manière claire aux trois questions que nous avons posées. Et cela vient de la simplicité de leur solution, puisée à la surface de la nature humaine et dans un ordre de phénomènes dont tout le monde a perpétuellement une conscience très-vive et très-nette. Tout système qui dit que le plaisir est la fin de la vie, est immédiatement compris; et si la recherche du plaisir doit être le but de la conduite, il est évident que le désir du bonheur en est le mobile, et que, dans une telle hypothèse, le caractère de ce qui est bon est de contribuer à nous rendre heureux. Rien donc n'est plus simple ni plus clair que le système égoïste, et le seul embarras qu'un tel système puisse donner, c'est de déterminer la nuance qui le distingue des autres systèmes de la même espèce.

Il est loin d'en être de même des systèmes qui cherchent dans nos instincts l'explication des phénomènes moraux de la nature humaine : ceux-là, Messieurs, sont obscurs comme l'instinct lui-même. Obligés, pour s'établir, de décrire dans leur forme primitive et dans leurs successives transformations des faits nombreux, et qui appartenant à la partie spontanée de notre nature sont d'une nature très-délicate et très-fugitive, les systèmes de cette espèce ne présentent pas cette simplicité de solutions qui caractérise les doctrines égoïstes; il faut, pour démêler le véritable sens des réponses qu'ils font aux questions morales, les

analyser avec soin et suivre tous les détours par lesquels ils passent avant de les donner. Et si cela est
vrai des systèmes instinctifs en général, cela l'est plus
particulièrement encore de celui de Smith, esprit ingénieux et fécond qui voit tout dans tout, et qui sacrifie volontiers au plaisir de décrire des faits, d'en
montrer tous les rapports et toutes les conséquences,
cet ordre rapide et méthodique qui ne permet jamais
qu'on perde de vue le fil des inductions, et qui conduit avec clarté une doctrine, des phénomènes par
lesquels elle prétend résoudre les questions morales,
aux solutions précises qu'elle leur donne.

J'ai étudié le système de Smith avec tout le soin
qu'il fallait pour vous en présenter une idée qui ne
fût ni superficielle ni inexacte, et je crois être en
mesure de vous donner ses réponses précises aux
trois questions principales que tout système moral
doit résoudre. C'est par ce chemin que je dois passer
pour arriver à la critique d'une doctrine aussi com-
pliquée; pour vous la faire juger, il faut vous la
faire saisir telle qu'elle est ; et pour vous la faire
saisir telle qu'elle est, il faut la soumettre à l'épreuve
des trois questions que nous avons posées, et déterminer sa réponse à chacune de ces questions. C'est
donc là la marche que je suivrai ; je vais successivement poser à la doctrine de la sympathie chacune
de ces questions, constater sa réponse à chacune, et
examinant chacune de ces réponses en elle-même et
dans son rapport avec la nature humaine, essayer
d'en apprécier la conséquence et la vérité. Ce mode

d'examen pourra paraître un peu long ; mais , outre
que la subtilité de la doctrine l'exige, nous gagnerons
du tems à le suivre ; car si nous parvenons à bien saisir et la clé et le vice du système de Smith ; nous
aurons par cela trouvé le vice et la clé de tous
les systèmes qui sont allé chercher dans les tendances spontanées de la nature humaine la solution du
problème moral, ce qui nous dispensera d'en multi-
plier les échantillons. Et croyez que le système instinctif ne perdra rien à être jugé dans la personne
du système de la sympathie ; les intérêts du système
instinctif ne sauraient être en de meilleures mains
que celles de Smith ; profond observateur, ingénieux dialecticien et grand écrivain, nul n'a entouré
de plus de vraisemblance, appuyé de plus de faits, for-
tifié de plus d'analogies ; étayé d'applications plus
spécieuses un système qu'il a eu d'ailleurs le mérite
de fonder sur celui de nos instincts qui pouvait lui
donner le plus d'apparence. J'ose dire que, battue
dans les mains de Smith , la doctrine de l'instinct le
sera complètement et sans appel.

Je suivrai dans cet examen l'ordre suivant : je
chercherai d'abord quelle est, selon le système de
Smith , la règle ou le principe de qualification des
actions ; puis à quel mobile nous cédons ; selon ce
système ; quand nous agissons conformément à cette
règle ; enfin et en dernier lieu ; quel but il assigne à
la vie et à la conduite de l'homme en ce monde? A
mesure que le système répondra ; j'examinerai si ses
réponses sont souteuables en elles-mêmes, et compa-

tibles avec la réalité des faits. Commençons par le premier point.

Nos jugemens moraux portent sur deux espèces d'actions, celles d'autrui et les nôtres. Dans les deux cas,
c'est au nom d'un certain principe que nous qualifions les unes de bonnes, et les autres de mauvaises.
Quelle est dans l'opinion de Smith ce principe? Voilà
la question.

Selon ce philosophe, les jugemens que nous portons sur les actions ne sont qu'une conséquence de
ceux que nous portons sur les affections ou émotions
sensibles qui les ont déterminées. Les affections de la
sensibilité sont, dans son opinion, les objets propres
et directs de l'appréciation morale, laquelle s'arrête à
ces affections quand elles ne sont suivies d'aucun acte,
et s'étend aux actes quand elles en sont suivies. Or,
toute affection, pour être appréciée, doit être considérée sous deux points de vue, dans son rapport avec
la cause qui l'excite, et dans son rapport avec les effets qu'elle tend à produire. Considérée par rapport à
sa cause, elle peut être convenante ou inconvenante ;
considérée par rapport à sa tendance, méritante ou
déméritante. Convenance et inconvenance, mérite
et démérite, telles sont les propriétés morales dont
une affection, et, par conséquent, une action sont
susceptibles. Au nom de quel principe, et selon
quelles règles jugeons-nous qu'une affection est
convenante ou inconvenante d'une part, méritante ou déméritante de l'autre, voilà ce qu'il s'agit
de déterminer. Si nous découvrons le principe d'où

découle, selon Smith, ce double jugement, ce principe sera précisément le principe de qualification des
actions assigné par son système ; car qualifier les actions ou qualifier les affections qui les déterminent,
c'est absolument la même chose dans ses idées. Cher-
chons donc successivement quel est ce principe, et
dans les jugemens que nous portons sur les affections
d'autrui, et dans ceux que nous portons sur les nôtres.

Quand nous sommes spectateurs des émotions d'autrui, voici, selon Smith, comment nous apprécions
leur convenance et leur inconvenance. Il y a un degré dans chaque émotion que le spectateur impartial
peut sympatiquement éprouver, et comme il n'approuve que ce qu'il partage, c'est à ce degré, mais à ce
degré seulement, que l'émotion est jugée et dite convenable ; manifestée par celui qui l'éprouve au-dessous ou
au-dessus de ce degré, elle est jugée trop faible ou
trop forte, et, par conséquent, déclarée inconvenante et désapprouvée. Un homme, par exemple,
reçoit une légère contusion, il manifeste la douleur
qu'il en ressent ; témoin de son émotion, ma sympathie s'éveille et la partage ; mais en moi cette émotion
sympathique ne s'élève qu'à un certain degré ; l'homme
qui éprouve l'émotion originale la manifeste-t-il à un
degré supérieur, elle me paraît inconvenante, la manifeste-t-il précisément au même degré, alors je la
trouve et elle est convenante. Cet exemple grossier
indique le principe de tous les jugemens de convenance ou d'inconvenance que nous portons sur les

affections, et, par conséquent, sur les actions d'autrui.

Le degré auquel elle est convenable, varie d'une affection à une autre : il y a des affections, les bienveillantes par exemple, que le spectateur peut partager à un haut degré ; il y en a d'autres qu'il ne peut partager à aucun degré, et telles sont l'envie et les affections méchantes. Ces dernières sont donc radicalement inconvenantes, ainsi que les actions qui en émanent, et il faut en supprimer entièrement la manifestation et ne jamais les traduire en actes. Entre ces deux termes extrêmes se classent, à des degrés différens, tous les mouvemens possibles de la sensibilité.

Telle est la règle des jugemens de convenance et d'inconvenance que nous portons sur les affections d'autrui, et vous voyez que cette règle n'est autre chose que l'émotion sympatique du spectateur impartial. C'est le degré de cette émotion qui décide de la convenance ou de l'inconvenance de toutes les affections et, par suite, de toutes les actions qui en dérivent. Passons au mérite et au démérite.

La tendance d'une affection peut être bienfaisante ou nuisible. Les affections de la première espèce excitent dans la personne qui en est l'objet, la gratitude, celles de la seconde, le ressentiment. En présence de ces affections, ma sympathie, à moi, spectateur impartial, tend à se partager ; elle est émue tout à la fois par l'affection bienveillante ou malveillante de l'agent, et par la gratitude ou le ressentiment de la personne qui en est l'objet.

Eh! bien, dit Smith, quand le spectateur impartial
sympathise entièrement et sans restriction avec ces
deux derniers sentimens, il les partage, et, par conséquent, les approuve, et, par conséquent, les adopte
entièrement. Il juge donc l'affection de l'agent digne
de récompense dans un cas, et digne de punition dans
l'autre; car qu'est-ce que la gratitude, sinon le désir
de rendre le bien pour le bien, et qu'est-ce que le
ressentiment, sinon celui de rendre le mal pour le
mal? Telle est l'origine et la véritable nature des jugemens de mérite et de démérite.

Mais à quelle condition la sympathie du spectateur
impartial partage-t-elle entièrement ou la gratitude ou
le ressentiment de l'objet? La condition pour que le
spectateur impartial sympatise entièrement avec la
gratitude de l'objet, c'est qu'il sympathise en même
tems avec l'affection de l'agent, c'est-à-dire qu'il la
juge convenable; la condition pour qu'il sympathise
entièrement avec le ressentiment de l'objet, c'est qu'il
ne sympathise à aucun degré avec l'affection de l'a-
gent, c'est-à-dire qu'il ne la juge convenable à aucun
degré. C'est à cette double condition que le spectateur
impartial sympathise entièrement avec la gratitude ou
le ressentiment d'une personne, et, par conséquent,
juge l'affection de l'agent, méritante dans un cas, déméritante dans l'autre.

D'où vous voyez, Messieurs, que c'est l'émotion
sympathique du spectateur impartial qui décide du
mérite et du démérite des affections, et, par conséquent,
des actions, comme c'est elle qui décide de leur con-

venance ou de leur inconvenance. Dans quel cas, en effet, une affection et l'action qui en dérive et l'agent qui l'éprouve, sont-ils jugés, par moi, dignes de récompense ou de punition ? Dans le cas où ma sympathie partage entièrement la gratitude ou le ressentiment qu'inspire cette affection à la personne qui en est l'objet. Et dans quel cas cette sympathie complète a-t-elle lieu ? Dans le cas où ma sympathie, partage entièrement l'affection bienveillante de l'agent d'un côté, et ne partage nullement son affection malveillante de l'autre. Donc c'est ma sympathie, à moi, spectateur impartial, qui instinctivement décide de tout, et règle le mérite et le démérite, comme elle règle la convenance ou l'inconvenance de tout sentiment, de toute action, de tout agent. Voilà, selon le système, le principe de tous les jugemens que nous portons sur les autres. Voyons maintenant quel est celui des jugemens que nous portons sur nous-mêmes.

Nous portons sur nos propres affections et par suite sur nos actions et sur nous-mêmes, les deux mêmes espèces de jugemens que sur les affections de nos semblables, c'est-à-dire, que nous les apprécions sous le double rapport de la convenance et de l'inconvenance, et du mérite et du démérite. Comment se passe dans ce cas, le phénomène de l'appréciation, et quel en est le principe ? Le système va nous en instruire.

Smith soutient que je ne puis juger de mes propres affections et des actions qu'elles déterminent, qu'autant que je me mets à la place du spectateur impartial et que je les considère de son point de vue. Sans cette

opération, qui serait impossible pour un homme qui
n'en aurait jamais connu d'autres, nous ne porterions,
selon lui, aucun jugement moral sur nous-mêmes.
Lors donc que je suis animé d'un certain sentiment,
si je veux juger de la convenance ou de l'inconvenance, du mérite ou du démérite de ce sentiment,
voici ce que je fais : je me place, par hypothèse, dans
la situation du spectateur impartial, et dans cette position, grâce à la propriété que j'ai de partager le sentiment des autres, j'éprouve au spectacle du sentiment
qui m'anime, précisément ce qu'éprouverait le spectateur impartial lui-même. Je suis donc en mesure
de juger de la convenance ou de l'inconvenance, du
mérite ou du démérite de mon sentiment, précisément comme il en jugerait, ou comme j'en jugerais
moi-même s'il s'agissait d'un sentiment d'un autre ; et
encore plus exactement, car j'ai une connaissance bien
plus exacte et du sentiment lui-même, et de son rapport avec sa cause, et de sa véritable tendance.

_ Smith ne disconvient pas que, quand les affections
sont un peu vives, il ne soit difficile au moment
même, de se faire ainsi spectateur de ses affections,
et d'en recevoir une émotion sympathique impartiale.
Mais il s'en suit seulement qu'alors nous on jugeons
mal, et il reste vrai que, pour en bien juger, cette
opération est nécessaire; et ce qui le prouve, c'est
que nous ne jugeons jamais mieux nos affections,
que quand nous ne les éprouvons plus, c'est-à-dire,
quand cette opération ne rencontre plus aucun obstacle.

Vous voyez, Messieurs, que le système est conséquent à son point de départ, et que le principe au
nom duquel nous qualifions nos propres actions, n'est
pas autre que celui au nom duquel nous qualifions
les actions de nos semblables. Dans le premier comme
dans le second cas, c'est l'émotion sympathique du
spectateur impartial qui décide. Seulement elle se
produit directement en nous dans le second, tandis
que nous ne la trouvons que par un détour dans
l'autre.

Reste, Messieurs, un dernier cas que je ne dois
point omettre, de peur d'exposer cette analyse au reproche d'être infidèle. Selon Smith, l'expérience des
jugemens que nous portons sur les autres et que les
autres portent sur nous, et de ceux que nous portons
aussi sur nous-mêmes après avoir agi et que le sang-
froid nous est revenu, nous apprend peu à peu à connaître quelles affections et quelles actions sont convenables ou inconvenantes, méritantes ou déméritan-
tes. De là des règles générales qui se rédigent successivement et se gravent dans notre esprit, et qui sont
ces lois même de la moralité qu'on a cru primitives,
et qui ne sont que la généralisation des décisions particulières de l'instinct sympathique. Or quand ces règles, fruit de l'expérience, sont une fois établies dans
notre esprit, il nous arrive souvent de juger immédiatement par ces règles, au lieu de consulter la sympathie,
en sorte que notre appréciation devient raisonnée,
d'instinctive qu'elle était. Tel est le fait, Messieurs, et
vous le concevez à merveille. Or, que devient, dans

ce cas, le principe de qualification ; est-il changé? en aucune manière ; car ces règles, par lesquelles nous qualifions, n'expriment qu'une chose, l'émotion du spectacle impartial, et elles n'ont d'autorité que parce qu'elles l'expriment. C'est donc toujours cette émotion du spectateur impartial qui juge et qui décide.

. Vous le voyez, Messieurs, on a beau parcourir tous les cas et épuiser toutes les situations, le système est conséquent et sa réponse est toujours la même ; que nous jugions les affections des autres ou les nôtres ; que nous les jugions instinctivement ou par les règles ; sous le rapport du mérite ou du démérite, ou sous celui de la convenance ou de l'inconvenance ; dans tous les cas, sous tous les rapports et de toutes les manières, la règle d'appréciation est la même, le système la reproduit, la proclame, montre qu'elle suffit à tout, et cette règle est l'émotion sympathique du spectateur impartial. Telle est la réponse précise et incontestable du système de Smith à la première question que nous lui avons posée.

Cette réponse, ou la règle de qualification qu'elle contient, étant ainsi mise en parfaite lumière, nous sommes en mesure d'en apprécier la justesse et d'examiner, sous ce rapport, la solidité et la vérité du système dont elle est une des bases. C'est là, Messieurs, ce que nous allons faire.

Cette règle présente, si je ne me trompe, une première difficulté, c'est celle d'en comprendre les termes. Je comprends à merveille ce que c'est que l'émo-

tion sympathique du spectateur ; mais j'ai peine à me
rendre compte de l'impartialité que Smith exige de ce
spectateur. De quelle espèce d'impartialité peut-il, en
effet, être ici question ? Ce n'est pas d'une impartialité de jugement ; car remarquez que la raison n'intervient en aucune manière dans l'appréciation morale ; autrement, l'appréciation morale n'émanerait
plus de la seule sympathie, et le système serait ren-
versé. En présence d'un homme qui éprouve une
certaine affection, ce qui se développe en moi, selon
Smith, et ce par quoi l'action est appréciée, c'est
l'instinct sympathique, et pas autre chose : l'intelligence ne fait que recueillir la décision et la formuler.
Par l'impartialité du spectateur, on ne saurait donc
entendre l'impartialité de sa raison qui ne juge pas ;
on est donc contraint d'entendre celle de sa sympathie
qui seule juge. Mais ici se présente la difficulté de
comprendre ; car, je le demande, quel sens mettre
sous ces mots : l'impartialité d'un instinct ? On dit
bien d'un homme, qu'il est impartial ; mais à quelle
condition ? à condition qu'on parle de son jugement ; car supprimez en lui la faculté de juger,
l'expression n'a plus de sens. C'est qu'en effet l'impartialité ne peut s'entendre que de la faculté de juger ; et quand on dit que la faculté de juger est impartiale, on veut dire qu'elle n'est sollicitée par aucune affection. Pourquoi ne suis-je pas impartial à l'é-
gard d'un ami ? parce que la sympathie incline mon
jugement en sa faveur. Pourquoi ne le suis-je pas à
l'égard d'un ennemi ? par la raison contraire. Il

est donc d'autant plus difficile de comprendre l'impartialité de la sympathie que, dans l'acception ordinaire du mot, c'est l'absence de la sympathie qui constitue l'impartialité. Et qu'on ne pense pas que cette objection soit une simple chicane de mots : ce vice dans l'expréssion, provient d'un vice dans le système. On peut bien placer dans un instinct la règle de la morale ; mais on ne saurait, sans abjurer tout bon sens, accepter comme lois de la conduite humaine tous les mouvemens d'une chose aussi capricieuse ; on est donc obligé de choisir entre ces mouvemens, d'adopter les uns, de rejeter les autres ; on est obligé, en d'autres termes, de commencer par régler cette prétendue règle. C'est alors qu'on arrive à l'impartialité de l'instinct, ou à telle autre formule que la langue n'admet pas parce qu'elle représente ce qui ne saurait être. C'est en général parce qu'il fait violence à la nature des choses, qu'un système ne peut s'exprimer qu'en faisant violence à la langue.

Mais, passons sur cette difficulté, et examinons en elle-même la règle de qualification posée par Smith. Je dis que cette règle est éminemment mobile, et par cela même, infiniment difficile à fixer.

Je me suppose en présence d'un grand nombre de personnes de tout âge, de tout sexe, de toutes professions ; et pour remplir, autant que possible, la condition d'impartialité voulue par Smith, je suppose de plus, qu'aucune de ces personnes ne me connaisse, qu'il n'y ait entre elles et moi aucun lien d'amitié ni d'intérêt, en un mot, aucun rapport d'aucune espèce ; admettez que

j'éprouve devant ces nombreux spectateurs une certaine
émotion, que va-t-il arriver? Je dis, Messieurs, que
toutes ces sensibilités vont sympathiser avec mon
émotion, à des degrés extrêmement différens. N'est-il
pas évident, en effet, que les sensibilités vives la par-
geront vivement, et les sensibilités froides froidement;
que telle personne préoccupée ne ressentira rien, tandis que telle autre qui se rendra attentive pourra
être profondément touchée; qu'entre l'émotion des
hommes et des femmes, des jeunes et des vieux, de
l'homme du monde et du paysan, du marchand et du
soldat, de l'homme qui aura l'humeur triste et de celui qui l'aura joyeuse, il y aura infailliblement des
différences très-grandes; en un mot, qu'une foule de
circonstances dont le nombre est aussi impossible à
fixer, que l'influence à calculer, modifieront à des
degrés infinis, la sympathie qu'excitera mon affection? De tant de sympathies, laquelle sera ma règle,
laquelle choisirai-je, pour décider de la convenance
de mon émotion? sera-ce la vôtre ou celle de votre voisin, ou celle d'une troisième personne? ou faudra-t-il
que je cherche la moyenne de ces sympathies? Mais
pourquoi la moyenne, et comment la trouverai-je
entre tant de quantités que je ne puis ni connaître,
ni apprécier? Et si je ne la trouve pas, que faudra-t-il
que je pense de mon émotion, comment saurai-je, dans
l'hypothèse de Smith, si elle est ou si elle n'est pas
convenante?

Mais changeons les rôles; à mon tour, je me fais
spectateur; à mon tour, je me mets en présence de

l'émotion d'une autre personne. Ce matin, je l'aurais
partagée à un certain degré ; ce soir, je la partagerai
à un autre ; si je suis à jeun, me voilà froid, si j'ai
bien dîné, me voilà tendre ; si je rêve philosophie ou
affaires, je demeure insensible, si je suis d'humeur
à laisser mon imagination s'exalter, ma sympathie
s'anime, je suis profondément ému, je verse des
larmes. Entre toutes ces sympathies, laquelle choisirai-je ? Jugerai-je de la convenance des affections,
d'après ma sympathie du matin ou d'après ma sympathie du soir, d'après ma sympathie affamée ou
d'après ma sympathie rassasiée, d'après ma sympathie excitée par l'imagination ou d'après ma sympathie préoccupée et affairée ? Et quand j'aurais
choisi, l'âge, la maladie, mille circonstances, vien-
draient changer ma règle, et me replonger dans l'in-
certitude. Et si, moi, spectateur unique, et qui ai une
consience précise de ce que j'éprouve, je suis embarrassé, pour juger les autres, de trouver dans mon impartiale sympathie la règle que je cherche, comment
voudriez-vous que je ne le fusse pas, quand il me
faut, pour me juger moi-même, la tirer de la diversité infinie des sympathies impartiales de la société
qui m'entoure, et non seulement de la société qui
m'entoure, mais, comme Smith l'exige, de l'humanité tout entière ? Comment veut-on que je me mette
à la place des hommes de tous les lieux et de tous les
tems, et que tirant une moyenne entre tant de quantités non-seulement diverses, mais mobiles, et que, de
plus, il est impossible que je connaisse, j'arrive par

là à la règle dont j'ai besoin pour apprécier mes sentimens et mes actions? Assurément, mettre à de telles
conditions la possession d'une règle de jugement et de
conduite, c'est faire de la moralité une chose absolument impossible.

Il y a plus, Messieurs; non-seulement la règle est
mobile, et, par cela même, indéterminable; mais en
supposant qu'elle pût être fixée, elle serait, de l'aveu
même de Smith, insuffisante. En effet, ainsi que je l'ai
dit en exposant le système, il est des circonstances où
un honnête homme sent tout à la fois qu'en agissant
d'une certaine façon, il agira bien, et que, cependant,
loin d'obtenir la sympathie de ses semblables, sa conduite n'excitera que leur antipathie. S'il s'agit d'une
conduite publique que l'histoire doive recueillir, on
peut espérer, il est vrai, la sympathie de la posté-
rité; mais, quant à celle des contemporains, et non
pas seulement parmi les contemporains de quelques
personnes, mais de toute une nation, de tout un
peuple, on ne l'obtiendra pas, on en a la certitude.
Smith a la candeur de reconnaître qu'il y a des cas pa-
reils, et la bonne foi de décider qu'on doit alors agir
comme il paraît bien, et mépriser les sentimens du
public. Mais comment le peut-il sans renier son système, sans abjurer sa règle d'appréciation? Il ne le
peut pas, Messieurs, et tout en admirant la manière
ingénieuse dont il essaie de résoudre la dificulté, il est
impossible de ne pas voir que ses efforts sont impuissans, et que toute sa théorie vient échouer contre cet
écueil. Vous allez en juger.

Je vous l'ai dit, Messieurs, quand nous avons à délibérer sur la conduite que nous devons tenir dans une circonstance quelconque, nous n'avons, selon Smith, qu'un moyen de nous éclairer, c'est de nous mettre à la place du spectateur impartial, et de chercher à éprouver ce qu'il éprouve ; car son sentiment est non-seulement la véritable, mais la seule règle d'appréciation de nos actions. Mais, dit Smih, quel est ce spectateur impartial, à la place duquel je cherche à me mettre ? Est-ce Jean ? est-ce Pierre ? Non, mais bien un certain spectateur abstrait, qui n'a ni les préjugés de l'un, ni les faiblesses de l'autre, et qui voit sainement, précisément parce qu'il est abstrait. C'est en présence de ce spectateur abstrait, qui est un autre moi, lequel se détache du moi passionné et le juge, que dans l'intimité de ma conscience je délibère, je me décide, j'agis. Non-seulement ce spectateur n'est pas tel ou tel homme, mais il n'est pas même telle ou telle portion de la société humaine ; il ne représente ni un âge ni un sexe, ni un village ni une cité, ni une nation ni une époque ; il représente l'humanité, il représente Dieu. Ce sont les sentimens de ce témoin secret et dont l'impartialité est éminente, qui sont le véritable principe d'appréciation de l'homme de bien, et la véritable règle de sa conduite.

Assurément, Messieurs, le détour serait ingénieux si ce n'était qu'un détour ; mais c'est toute autre chose ; c'est une voie nouvelle dans laquelle Smith entre, sans s'apercevoir que ne partant pas de sa doctrine, elle ne peut y revenir.

Comment, en effet, selon sa doctrine, suis-je informé de la valeur morale de mes actions? J'en suis informé par les sentimens des autres : leur approbation est ma règle, et leur approbation dépendant de leur sympathie, leur sympathie est ma règle ; et c'est pourquoi, pour me juger, je dois me mettre à leur place et essayer de sentir ce qu'ils sentent ; et il est tellement vrai que c'est là, selon Smith, la seule règle d'appréciation de mes sentimens et de mes actions, que si j'étais seul au monde, ou relégué dans une île déserte, je ne pourrais, selon lui, porter aucun jugement ni sur mes sentimens ni sur mes actes, et qu'ils n'auraient et ne pourraient avoir aucun caractère moral à mes yeux. Telle est bien et incontestablement la doctrine de Smith ; tous les développemens qu'il lui donne en font foi. Or, que fais-je, quand, aux sentimens des spectateurs réels de mes actions, je substitue ceux d'un certain spectateur abstrait? La chose est visible, Messieurs, non seulement j'abandonne la règle de la sympathie posée par le système ; non-seulement je lui en substitue un autre, mais je nie cette règle, mais je la déclare fausse et la condamne ; car ce spectateur abstrait n'existe pas, et s'il n'existe pas, ses sentimens n'ont point de réalité, et sont une fiction. Ce n'est donc point par les sentimens d'autrui que je me juge, mais par les miens ; que dis-je? les sentimens d'autrui, je les rejette ; et au nom de quoi? au nom des miens ; car c'est moi qui crée ce spectacteur abstrait : le monde extérieur ne me le fournit pas ; il n'est ni un individu réel de ce monde, ni une

moyenne entre les individus réels de ce monde; il
sort, il émane de moi, c'est-à-dire de mes sentimens.
Je juge donc avec mes sentimens qui, selon le système, ne peuvent me juger, les sentimens d'autrui,
qui, selon le système, peuvent seuls me juger; je ren-
verse donc le système autant qu'il peut être ren-
versé; je déclare fausse la règle qu'il déclare souveraine, et souveraine celle qu'il déclare impuissante; je
suis dans un autre monde, dans une autre doctrine,
dans un monde où il n'est plus question de sympathie, dans une doctrine où, non-seulement, les sentimens d'autrui ne jugent pas les miens, mais où ce sont
les miens qui les jugent.

«Ainsi, Messieurs, Smith, par la fiction du spectateur abstrait, reconnaît implicitement qu'il existe une
règle supérieure à celle de la sympathie; car au
moyen des sentimens de ce spectateur abstrait, que
la sympathie ne peut me révéler et qui ne sont que
les miens, je qualifie la sympathie des autres, je la
condamne, je ne vois plus que les lois éternelles du
bien et du mal, telles que ma conscience et ma raison
me les révèlent.

«Et en effet, Messieurs, il est évident que ce spectateur abstrait, imaginé par Smith, n'est autre chose
que notre raison, jugeant au nom de l'ordre et de la
nature immuable des choses les aveugles et passa-
gères décisions des hommes. C'est la réalité en nous
de cette faculté supérieure, qui tourmente Smith dans
l'exposition de son système; et si cette faculté, qui
juge également nos actions et celles des autres, qui

casse également les décisions de la sympathie de nos
semblables sur nous, et celles de la nôtre sur eux,
Smith l'a figurée sous l'image d'un spectateur abstrait,
c'est que de tous les symboles par lesquels la conscience
peut être représentée, c'était celui qui s'accommodait le
mieux à son hypothèse fondamentale, que nous ne
pouvons juger nos propres actions que par le détour des sentimens d'autrui. Au lieu de dire, *la conscience* ou *la raison*, il a dit, *le spectateur abstrait*; et
il a pu croire, dans la préoccupation de son système,
que c'était en nous figurant les sentimens de cet être
chimérique sur nos actions que nous parvenions à les
juger; et il n'a pas vu qu'il ruinait ainsi sa prétention qu'un homme seul dans une île ne pourrait juger de la moralité de ses actes; car il n'y a point d'île
si déserte où je ne retrouvasse le spectateur abstrait,
et où, grâce à sa compagnie, je ne pusse juger et de
mes sentimens, et de ma conduite, et de moi-même.

Je crois avoir montré, Messieurs, que la règle de
la sympathie est difficile à comprendre, qu'elle est si
mobile qu'il est impossible de la fixer, et qu'en supposant même qu'on le pût, elle serait insuffisante. Je
vais maintenant la soumettre à une épreuve plus dé-
cisive; je lui accorde toutes les qualités qu'elle n'a
pas; je veux qu'elle soit claire, fixe, applicable à
tous les cas, est-ce assez, Messieurs? Non, tous ces mé-
rites ne sont rien, si elle n'est pas la règle réelle, la
règle véritable de nos jugemens moraux; car, de
quoi s'agit-il en morale? non d'imaginer une règle
qui explique nos jugemens moraux, mais, de trouver;

celle qui réellement les dicte. Or, la conscience seule peut décider ce point. Smith a la prétention de décrire la manière dont nous apprécions nos actions et celles des autres : c'est à la conscience de nous dire si c'est réellement ainsi que nous les apprécions. Interrogeons-la donc, et recueillons ses dépositions.

Avons-nous conscience, quand nous jugeons les actions des autres, de laisser aller notre sensibilité, d'écouter jusqu'à quel point elle sympathise avec les sentimens qui les ont inspirées, et de tirer de la nature et du degré de notre émotion, prise pour règle, les jugemens que nous en portons? Je dis, Messieurs, que, loin que nous ayons conscience d'un pareil procédé, nous avons conscience d'un procédé tout opposé. En effet, quand je veux juger impartialement les actions de mes semblables, mon premier soin, si je me sens ému par leur conduite, est de tâcher d'étouffer cette émotion et de n'en tenir aucun compte; et pourquoi? pour mettre mon jugement dans les conditions de l'impartialité : singulier procédé, si c'était ma sensibilité qui jugeât! Aussi n'est-ce pas au moment même où vous éprouvez vivement devant moi une affection, que je me sens le plus capable d'en apprécier la convenance ou la justice ; car, malgré moi, ma sensibilité s'ébranle ; l'émotion sympathique ou antipathique la remplit; et je sens que cette émotion trouble mon jugement et ne lui laisse ni la liberté, ni la clairvoyance convenables. Et comment n'en serait-il pas ainsi en fait de jugemens moraux, puisqu'il en est ainsi, en fait de

jugemens asthétiques? Quand un lecteur habile me
lit un morceau de poésie, si je veux en juger,
je ne m'en rapporte pas à l'impression que cette lec-
ture me cause; car je suis toujours dupe de l'émotion qu'une déclamation savante produit sur mon
oreille; j'attends donc la publication de la pièce, et ce
n'est qu'en la relisant à froid, que j'en porte un jugement impartial. Loin donc d'avoir conscience des
faits décrits par Smith quand je juge les actions d'autrui, j'ai conscience de faits tout contraires, et qui révèlent une toute autre règle d'appréciation.

Sa description n'est pas plus fidèle quand il s'agit
de mes propres actions; et toutefois, dans ce cas, je
rencontre du moins un phénomène qui peut expliquer
son hypothèse, s'il ne peut la justifier. Quand je me
sens animé d'un certain sentiment, et qu'avant d'y
céder je veux connaître si ce sentiment est bon, il
m'arrive souvent de me défier de mon jugement; pour
peu que l'émotion soit vive, je sens très-bien, en
effet, que mon jugement n'est pas dans les conditions
de l'impartialité. Il est bien capable, en soi, d'apprécier
la bonté morale d'une affection et de distinguer une
bonne action d'une mauvaise; je le sais, et ce n'est
pas là ce qui m'inquiète; ma seule crainte, c'est qu'il
ne soit pas, dans le cas présent, dans les conditions de
l'impartialité. Que fais-je alors? Je m'adresse aux sentimens d'autrui; je me mets à la place d'un homme de
sang-froid, et je cherche à me figurer ce qu'il pense-
rait et de l'affection que j'éprouve et de l'action à laquelle elle me pousse. Mais pourquoi ce recours au

sentiment de mon voisin et cet effort pour me le figurer? C'est que je crois, dans l'application présente, le
jugement de mon voisin plus libre que le mien, des
sentimens qui peuvent fausser l'appréciation morale.
Ce sont donc les conditions de l'impartialité dans lesquelles son jugement se trouve, et dans lesquelles je
crains que le mien ne soit pas, qui m'engagent à in-
terroger son opinion ; ce n'est pas du tout que je regarde son émotion sympathique, comme la véritable
et unique règle de la moralité de mes affections et de
mes actes ; car cette règle, je la sens en moi comme
je crois qu'elle est en lui, et ce n'est pas du tout elle
que je cherche. Ce que je cherche c'est une impartiale application de cette règle.

Tel est, dans la manière dont nous apprécions nos
sentimens et nos actes, le seul fait qui ait quelque
analogie avec les idées de Smith, et c'est de là peut-
être que tout son système est sorti ; mais Smith en a
changé le véritable caractère, en transformant en
règle de nos jugemens sur nous-mêmes ce qui
n'est qu'un moyen de les contrôler. Et la preuve que
ce recours aux jugemens d'autrui n'est que cela,
c'est que, dans une foule de cas, ce recours n'a pas
lieu, et que très-souvent quand il a lieu, nous ne sui-
vons pas l'opinion des autres, et lui préférons la nôtre
comme étant moralement meilleure ; ainsi que Smith
l'a reconnu.

Ainsi, Messieurs, la conscience dément le système
de Smith, et ne reconnait pas dans sa règle d'appréciation, celle qui, en fait, dicte nos jugemens. Il est faux

que nous puisions dans les mouvemens de notre sensibilité les jugemens que nous portons sur nos semblables, et il n'est pas vrai que nous allions chercher dans
autrui le principe de qualification de nos sentimens et
de notre conduite. D'une part, les règles de l'appréciation morale sont en nous, et de l'autre elles ne sont pas
dans les émotions de la sympathie, mais dans les concep-
tions de la raison. Il est vrai que Smith nous objectera
que lui aussi reconnaît des règles intérieures, et qu'il en
explique on ne peut mieux la formation. Mais il est aussi
impossible à la conscience de confondre les règles de
Smith avec celles de la moralité, que les décisions de la
sympathie qu'elles résument, avec les véritables jugemens moraux qui découlent de la raison ; elle ne sent
point les vraies lois de la moralité émaner ainsi peu à peu
des décisions de notre sympathie sur les autres et de
celle des autres sur nous, et si elle pouvait reconnaître
quelque chose dans ce code de la sympathie qui ne
serait guère, après tout, que le résumé des opinions
du monde, ce seraient tout au plus les règles de conduite des hommes vains ou ambitieux, mais nullement celles de l'honnête homme.

Il me reste, Messieurs, à examiner le principe de
qualification de Smith, sous un dernier point de vue,
celui de son autorité ; veuillez m'accorder encore un
moment d'attention.

Il ne faut pas seulement qu'un moraliste assigne un
principe de qualification des actions ; il faut encore
que ce principe ait une autorité morale sur notre volonté ; autorité incontestable, et telle qu'elle puisse

rendre compte de tous les faits moraux de la nature humaine, et de toutes les notions morales qui
les représentent dans l'intelligence ; et comme au nombre de ces notions se trouvent celles de devoir, de
droit, d'obligation, lesquelles impliquent l'existence
d'une loi, il faut que ce principe ait le caractère de
loi, qu'il oblige, qu'il soit tel, en un mot, que ce soit
un devoir d'y obéir et non pas une simple convenance.
Voilà ce qu'il faut et ce que les faits exigent : voyons si
le principe de Smith remplit ces conditions.

Je cherche l'autorité de la règle morale posée par
Smith, et quand pour la découvrir je me demande
ce qu'elle exprime, je trouve qu'elle ne représente
qu'une chose, la loi générale d'un instinct. Cons-
tatez, dans tous les cas possibles, ce que dit l'instinct sympathique d'un homme impartial ; généralisez
et rédigez ces décisions, vous aurez les lois mêmes de
la morale. Donc, Messieurs, les lois de la morale n'ont
pas une autre autorité que l'instinct sympathique. Or,
qu'est-ce que l'instinct sympathique ? Est-ce tout l'instinct ? Non, c'est un certain instinct entre un grand
nombre qui sont en nous. Ce sont donc les impulsions
d'un certain instinct, que le système érige en lois de la
morale. Mais qu'a donc de merveilleux cet instinct,
qui communique à ses impulsions le caractère de loi,
et toute l'autorité, toute la suprématie qui s'attache à
ce caractère ? J'interroge le livre de Smith, et le livre
de Smith ne me répond pas. Je cherche dans la nature
humaine, et la nature humaine ne m'explique pas ce
merveilleux privilége. Que j'aie l'instinct de sympathie,

je le reconnais ; que cet instinct de sympathie se développe selon certaines lois, j'en tombe d'accord ; qu'il agisse enfin comme mobile sur ma volonté, je ne le nie pas ; mais j'ai une foule d'autres instincts, j'ai des instincts purement personnels, j'ai l'instinct d'aimer, j'ai l'instinct d'imiter, j'ai l'instinct de connaître, j'ai l'instinct d'agir, et tous ces instincts sont des phénomènes de même nature. Où donc est le droit de la sympathie, où donc est son titre ? Comment ses impulsions deviennent-elles des règles au nom desquelles doivent être jugées, approuvées, condamnées les impulsions de tous les autres instincts, et non-seulement les impulsions des autres instincts, mais les actes de toutes les autres facultés de notre nature, et ceux-là même de l'intelligence et de la raison ? Et si on ne peut s'expliquer cet occulte privilége, je demande si tout au moins on le sent, si la conscience en témoigne, si ces règles de la sympathie nous imposent, et si, sans savoir pourquoi elles nous obligent, nous savons du moins qu'elles le font.

Il est merveilleux de voir, Messieurs, par quelles équations successives et par quelle transitions délicates Smith essaye d'élever les impulsions de la sympathie à l'état de règles, et parvient à leur en donner avec quelque vraisemblance la dénomination. Il faut suivre cette série de sophismes ingénieux pour bien saisir toute la trame de son système, et pour bien en démasquer toute l'impuissance.

Voici comment procède Smith. Que se passe-t-il en moi, dit-il, en présence des sentimens d'autrui ?

Ma sympathie s'éveille, et tantôt je partage, tantôt je ne partage pas ces sentimens. Or, quels sont les sentimens que j'approuve? Ceux que je partage. L'approbation est donc une conséquence de la sympathie; elle n'est à tous ses degrés, qu'une traduction fidèle des mouvemens de celle-ci. Et en effet, Messieurs, dire qu'on approuve les sentimens des autres, n'est-ce pas dire qu'on les partage? et dire qu'on les partage, n'est-ce pas dire qu'on les approuve? et réciproquement, dire qu'on ne les approuve pas, n'est-ce pas dire qu'on ne les partage pas? Quoi de plus simple, quoi de plus légitime, que de passer de cette expression *partager*, à cette autre, *approuver*? Et maintenant, poursuit Smith, qu'est-ce qui est moralement bon, si ce n'est ce que nous approuvons, et que devons nous faire, sinon ce qui est bon? Et en effet encore, quoi de plus évident et de plus naturel? Peut-on nier qu'*approuver* et *déclarer bon*, ne soient une même chose, et que ce qui est reconnu *bon* ne *doive* par cela même, être fait? Y a-t-il rien au monde, de plus innocent et de moins suspect que ces propositions? Donc, conclut Smith, ce qui *doit* être fait, est précisément ce que décide la sympathie impartiale; donc les mouvemens instinctifs de la sympathie sont précisément les lois de la conduite humaine et les règles de la moralité : conséquence rigoureuse de tout ce qui précède.

J'espère que vous voyez déjà le sophisme d'une pareille induction; il consiste à mettre, à la faveur des mots qui le supportent, le signe d'égalité entre des choses qui ne le supporte pas. Démasquons, l'un après l'autre, les vices de ces fausses équations; le système en vaut la peine.

Partager le sentiment d'une personne, c'est tout simplement, dans le système de Smith, éprouver une émotion égale à celle qu'elle ressent; c'est un phénomène purement sensible. Approuver en elle cette émotion, c'est dans la langue de la morale, la juger convenable, bonne, légitime; c'est un fait purement intellectuel. Y a-t-il identité entre ces deux faits? Nullement. Un jugement, c'est un jugement; une émotion, c'est une émotion; mais une émotion n'est pas plus un jugement qu'une sensation n'est une idée. Ce n'est donc pas à titre d'identité que le signe d'égalité peut-être mis entre ces deux faits. Reste donc que l'émotion soit telle, qu'aux yeux de la raison le jugement en soit une conséquence immédiate; reste, en d'autres termes, que de ce que j'éprouve une émotion égale à la vôtre, il s'ensuive que je dois l'approuver? Mais où est la nécessité d'une pareille conséquence? je ne la vois pas, et les faits la démentent. Il y a mille émotions que je partage sans les approuver moralement, ni les désapprouver; il y en a mille que je partage, et que je condamne; et, d'un autre côté, j'approuve bien des choses qui ne sont ni des émotions ni des résultats d'émotions, et bien des émotions que je ne partage pas du tout et même qui me déplaisent. A aucun titre donc on ne peut mettre le signe d'égalité entre le fait sensible de la sympathie et le fait rationnel de l'approbation. L'équation n'est

www.ingramcontent.com/pod-product-compliance
Lightning Source LLC
Chambersburg PA
CBHW050002100426
42739CB00011B/2476